云南省首批人才工作示范备案项目
乡村CEO人才培养基地系列教材

乡村企业市场营销

李宇卫 张 权 总策划
张 权 汪 洋 王学兵 主编

中国农业科学技术出版社

图书在版编目（CIP）数据

乡村企业市场营销 / 张权，汪洋，王学兵主编． 北京：中国农业科学技术出版社，2025.1．－－ ISBN 978-7-5116-7303-9

I．F279.243

中国国家版本馆 CIP 数据核字第 2025KY1989 号

责任编辑	任玉晶　费运巧
责任校对	马广洋
责任印制	姜义伟　王思文

出 版 者	中国农业科学技术出版社
	北京市中关村南大街12号　邮编：100081
电　　话	（010）82106641（编辑室）（010）82106624（发行部）
	（010）82109709（读者服务部）
网　　址	https://castp.caas.cn
经 销 者	各地新华书店
印 刷 者	北京捷迅佳彩印刷有限公司
开　　本	185 mm × 260 mm　1/16
印　　张	8.75
字　　数	174千字
版　　次	2025年1月第1版　2025年1月第1次印刷
定　　价	38.00元

———— 版权所有·侵权必究 ————

编者名单

总策划

李宇卫　张　权

主　编

张　权　汪　洋　王学兵

副主编

文　彩　胡世亮　马永立　赵小岚

序一

乡村振兴需要自己的职业经理人

我从20世纪90年代开始从事乡村发展实践方面的工作,从培训农民使用先进的农业生产技术开始,在黄淮海平原的乡村组织农民培训。当时中国乡村发展面临的巨大挑战是人地关系紧张,乡村劳动力就业严重不足,"隐性失业"是主要问题。随着工业化和城镇化的持续发展,乡村劳动力不断转移,首先是青壮年男性劳动力外出,从而产生了留守妇女、留守儿童和留守老人。逐渐地,乡村女性也开始大规模外出务工,同时国家在教育等公共服务上逐渐取消了城乡割裂的政策,乡村儿童也逐步都随父母进城上学。乡村人口逐渐减少,2023年,我国常住人口城市化率达到了66.16%,而户籍人口城镇化率为48.3%,两者相差17.86个百分点,也就意味着大约有2.5亿乡村户籍人口居住在城市和城镇,虽然乡村人口的外流在一定程度上缓解了人地矛盾,为我国农业适度规模化经营和农业现代化创造了条件,但也不可避免地带来乡村空心化以及乡村人口的老龄化,目前我国乡村人口中老年人占比达到了23.8%,远高于城市的15.8%。这些变化使乡村振兴面临着人才严重匮乏的挑战。

2015年开始,我的团队在云南省勐腊县河边村开展农文旅融合的乡村新业态培育工作。河边村位于西双版纳自然保护区边缘,村庄周围都是热带雨林,村内的建筑都属于干栏式风格,村庄保留着非常传统的瑶族文化习俗,气候宜人,脱贫攻坚期间,在政府的易地搬迁项目和危房改造项目的支持下,我在河边村开展深度贫困脱贫路径探索时,就希望将其优质的生态资源、气候资源、文化资源能够转化成文旅资源,因此在农村住房建设项目中,优化农户住房的结构和功能,每家每户都能够改造出至少一间可以用来招待游客的客房。2018年,河边村建设工作结束,村庄到主干公路的道路修通了,村内实现了硬化道路通到各家各户,农户的房前屋后种上了本地花草果木,村里有了干净卫生的公共厕所,无线网络也联通了,还建了一个会议室,具备了接待游客的功能。我的团队也开始在村里组织各种学术讨论会，也引导了一些教育机构来村中开展冬令营活动，从而吸引了一些游客来村子里旅游、度假、研学、举办会议等，为村庄带来生机和活力。在这个过程中，我发现最难的不是建设乡村，而是经营乡村。因为乡村里缺乏具有管理技能和经营能力的人，乡村的优质资源无法转化成发展资源。我在前些年接受一些媒体采访时，就明确指出"乡村里缺乏具有管理技能和经营能力的人。这不仅是河边村面临的问题，而是很多乡村都有的普遍问题。在过去多年的脱贫攻坚实践中，政策对乡村产业的支持力度非常大，但当利用政府的支持，把产业发展起来后，却要面对普遍性的人才匮乏的问题，谁来帮助乡村经营这些产业就成为摆在大家面前的一个难题。"

后来，我带领团队在云南省昆明市、昭通市、曲靖市、临沧市、怒江傈僳族自治州开展乡村振兴示范村建设工作，政府的行政力量、专业团队的技术力量以及村民的建设能力能够很快完成村庄的建设，一些村庄不到一年的时间就变了模样，成为当地的样板村和示范村，但是进入运营阶段后，都面临着运营管理人才匮乏的问题。在多年的乡村振兴一线工作中发现，因乡村缺乏就业机会和收入提升机会，乡村人才不断向城市流动，乡村的孩子从小就被教育长大后要走出乡村，进入城市工作。"城市中心主义"的经济观和价值观取向是造成乡村人才匮乏的重要因素。乡村几乎留不下人才，很多时候，乡村成为一个人才的荒漠，这是现代化过程中给乡村留下的问题之一。我们发现，大部分富裕的乡村都有一个致富带头人，这个人可能是村干部，也可能是农民企业家。但大多数贫穷的村庄中，都没有这样的人，而这些村庄的发展，的的确确需要这样的人。

在云南的乡村振兴实践中，我们开始尝试培养乡村运营人才，也就是乡村职业经理人，也称为乡村 CEO。一开始，我们在示范村面向全国招聘乡村职业经理人，报名的人很多，留下的人有很多还没有到试用期满就离开了，离开的原因并不是因为他们不愿意在乡村开展工作，而是他们中很多人发现运营乡村并不是一件容易的事情，这些人中不乏曾经在一些企业中已经做出一些成绩的，但到了乡村却出现了"水土不服"，不了解"三农"政策，不理解乡村社会结构和秩序，也难以设计出能够发挥乡村独特资源优势的产业；一些刚刚毕业的大学生虽然拥有一腔在乡村创业干事的热情，但是也困于没有相应的能力而打了退堂鼓……我们在示范村招聘的第一批乡村 CEO，最后只有一个人留下来。在这个过程中，我发现乡村运营人才是需要去培养的。

2021 年，中国农业大学国家乡村振兴研究院与腾讯公司可持续社会价值事业部联合发起的"中国农业大学 - 腾讯为村乡村 CEO 计划"应运而生，旨在通过为期一年的综合性系统培训，培养乡村职业经理人，对接都市动能，将城市圈的人流、资源和管理模式带到乡村，以公司运营的模式，打造会展经济、网红经济、打卡经济、周末经济和夜市经济，进而不断壮大村集体经济，从而探索解决欠发达地区乡村经营性人才匮乏问题的实践模式和路径，为乡村人才振兴提供经验和创新方案。通过创新的系统性的学习，计划通过一年综合性系统培训，全方位打造乡村经营管理的专业人才，该计划不仅包含了深入的理论学习，让学员们能够全面理解国家的乡村振兴战略和政策导向，还融合了实地考察和在岗实训环节，确保学员们能将所学知识与实践紧密结合，提升其解决实际乡村经营问题的能力。通过乡村CEO项目的实施，旨在培养出一批能够综合运用现代科技、管理知识和创新思维来解决乡村发展中遇到的各种问题的领导力量。目前，该项目已经完成了第一期和第二期的乡村CEO的培训，培养了150多名学员。这些学员经过系统学习，成长为具有一定的领导技能、综合运营技能、乡村创业技能的复合型乡村人才。他们已经成为乡村振兴中一支非常重要的新生力量，为乡村发展注入了新的活力。

乡村CEO人才的培养很快得到了很多地方政府的关注，并都向我们表达了培养人才的合作需求，我们的团队无法承担起日益增长的培训需求。于是，我们就开始思考如何让更多的机构参与到这项工作中。昭通学院、曲靖师范学院和云南农业大学成为我们第一批合作伙伴。我们通过和这三所地方院校的团队密切合作，并先后在昭通学院、曲靖师范学院建立了专门的乡村职业经理人培训机构，尤其是昭通学院成立了第一个"中国乡村CEO学院"。这种努力还得到了云南省委组织部的认可和支持，并将其列入省级人才示范项目。2022年至今，昭通学院完成了多批次的面向昭通和云南的乡村CEO培养计划，在计划执行过程中，该学院的师资不仅参与到理论教学中，还参与到CEO学员的实践指导中，在实践中他们不断总结，形成了当前乡村运营人才的最迫切的技能需求，并组织编写了《乡村CEO职业素养》《乡村CEO沟通实务》《乡村CEO法律实务》《乡村企业市场营销》《乡村企业库存管理》和《乡村企业财务管理》等应用性、实操性强的系列图书，为乡村CEO人才的培养提供了有效的理论参考。

是为序。

李小云

2024年11月

序 二

为乡村经营播下一粒粒火种

近四年以来，我每年都有相当长的时间奔走在全国各地的乡村。在村里，和来自全国各地，甚至来自国际上的专家、学者、友人共同探讨腾讯助力乡村可持续发展的方法策略；在村里，了解年轻的乡村CEO、兴乡青年们参加培训、经营乡村的成效、方法，并给他们支招；在村里，与我的同事们、与当地的干部、与共创合作伙伴，共同讨论、推动共富乡村试点示范建设的探索实践。

这源于四年前，为落实"科技向善"的使命愿景，腾讯进行了第四次战略升级，将"推动可持续社会价值创新"纳入了公司的战略底座，并专门成立可持续社会价值事业部（SSV）进行助力重大社会议题解决的试点探索。我不但有幸参与这次战略升级的全过程，而且还负责了助力乡村发展的为村发展实验室。

说起"腾讯为村"，并不是这次战略升级才有的；说起助力乡村发展，更不是这次战略升级才有的。那需要回溯到23年前，2002年，处于初创期的腾讯，为广东清远的一所山区小学捐献了电脑，就此拉开了腾讯与乡村的缘分。从一开始向乡村捐款捐物，到后来派人挂职，再到近年来探索可持续、可复制的创新解决方案，我们深刻认识到"授人以渔"之于乡村的重要性。一个人就是一粒火种，一粒粒火种播下去，就是星星之火，可以燎原。从乡村人才培育的角度切入助力乡村发展，不仅关乎一个村庄的发展是否可以激发出内生动力，也关乎到好的数字工具是否可以真正发挥出作用，还关乎到社会共创如何更好地助力乡村振兴的可持续性。

在2021年成立SSV之前，我们在培养和服务乡村治理人才方面已经有了较为完善的经验，并一直运营着"腾讯为村数字公益平台"（即现在的"村级服务平台"），但对乡村经营及乡村经营性人才的培养还是认知有限。就是在这个时候，我们非常荣幸地结识了中国农业大学李小云教授及其团队。经过多次的交流和云南实地调研，我们的共识越来越接近，越来越有共同为乡村发展去探索和实践的欲望。于是，我们决定一起开展一场"浪漫的实践"。2022年1月，"中国农业大学-腾讯为村乡村CEO培养计划"（简称乡村CEO计划）第一期正式启动。在当地政府的支持下，我们在全国招收了50多名学员，经过一年的试验探索，形成了国内首套乡村CEO系统化培养方案，也验证了我们的设想。我们统计了其中31名学员所在经营主体的收入，从学员参加培训前的550万元增加到了培训后的3 700万元。

  乡村CEO计划一期给了我们很大的信心。在一期试验的基础上，我们就考虑要在一些地区搞在地化的试点。在地化的试点，不仅仅是培养，还得有招聘，我们提出了"培-聘"结合的地方制度化探索。也就是在这个时候，昭通、曲靖、昆明成为了试点地区，在2023年举办的乡村CEO计划二期的110名学员里，有60多名来自这三个地区，许多是在当地政府主导下为村庄招聘的乡村CEO，而且每个地区单独成班；也就是在这个时候，昭通学院、曲靖师范学院、云南农业大学加入了乡村CEO的培养网络。昭通学院率先成立了国内第一个培养乡村CEO的专门学院——中国乡村CEO学院，李小云教授被聘为院长，我有幸被聘为合作院长。在经历了乡村CEO计划二期的随班学习和参与教学管理后，学院的教职员工不但掌握了乡村CEO的系统化培养体系，还结合自身实际创新和丰富了更多的培养方法。在2024年的培养工作中，李小云教授和我，还有中国农业大学和腾讯公司，除了给予智力和数字化赋能上的支持，没有再直接参与到教学管理等具体工作中。不仅是在昭通，曲靖和昆明也都获得了较为扎实的制度化成果：曲靖师范学院成立了专门的乡村CEO培养学院，昆明市委农村工作领导小组专门印发了《昆明市强村富民乡村CEO培育实施方案》。据云南乡村振兴微信公众号文章报道，在乡村CEO机制带动下，2023年，昆明市1 401个行政村村级集体经济总收入50.91亿元，村集体经营性收入34.9亿元，均列云南省第一位。"培-聘"结合的地方制度化，为乡村经营性人才在地化储备了养料，种下了更多的火种，也带动村集体经济焕发出新的活力。

  乡村CEO生命力的迸发对激发乡村内生动力具有意义深远的创新价值，乡村CEO的招聘与培养也成为了各地推进乡村振兴的重要抓手。也就是在2023年，无论是在西部的云南、重庆、广西，还是在东部的浙江、广东，我们与越来越多的地方政府一起推动乡村经营性人才的培养，越来越多的村庄也聘上了乡村CEO。2024年，在农业农村部的指导下，中央农广校、中国农业大学、腾讯共同启动了面向全国的"万名乡村职业经理人培养计划"，首批选定在湖南、湖北、山东、陕西四省试点培训，将有更多的省出现乡村经营的火种。我们也注意到，除了我们直接参与的项目，越来越多的地方政府和社会力量也正在被催化、被感染，投入到了乡村CEO的培养中来，投入到乡村经营中来，乡村经营的生态正在蓬勃生长。截至2024年底，腾讯直接参与的乡村CEO培养项目，在各地政府的主导下覆盖到了17个省（自治区、直辖市）的309个县。

不仅在国内，乡村CEO培养的经验也正在成为中国减贫经验的组成部分，助力面向国际输出中国减贫经验、讲好中国减贫故事。2024年，作为中非合作论坛峰会的配套落地行动之一，中国农业大学、腾讯公司、坦桑尼亚姆祖比大学与乌干达马克雷雷大学商学院签署共建中非乡村青年创业促进研究院合作协议。作为研究院工作之一，"中国农业大学-腾讯为村非洲青年兴乡计划"在坦桑尼亚桑给巴尔和乌干达启动，首批20名非洲青年来到中国学习考察，作为火种将中国乡村经营的经验和案例带回非洲；中国农业大学和腾讯公司还共同发起了"乡村CEO英领计划"，首批15名中国乡村CEO赴日本学习，不仅是为了让乡村CEO拓展国际视野，更是为了持续引领探索乡村经营性人才培养的创新方案。

而从腾讯推动可持续社会价值创新的路径来看，我们不仅是提供了培训的部分资金支持；更为关键的是，腾讯的数字化链接能力正在为乡村CEO们链接知识、链接彼此、链接资源、链接市场带来了更多的可能。为了方便乡村CEO学习交流，我们上线了"共富乡村学堂"，目前注册用户超过了7万人，其中5万多人为培训项目的学员，人均学习时间达到了65分钟。学习平台大大降低了各地培训项目的成本、提高了培训效率、便捷了学员链接知识和链接彼此，从而激发内生动力和抱团发展。

我们看到，在数字化工具的加持下，不仅快速扩大了培训覆盖度，还让乡村CEO学员们带动村庄更加便捷地链接资源与市场。也就是说，那一粒粒火种正逐渐成为火苗，正在抱团发展，燃成一片、带动一片。乡村数字化经营作为特色培训模块广受学员们好评，特别是依托微信生态的视频号、微信小店等专项培训。例如，2024年12月至2025年3月开展的"乡村CEO秀云南"等直播实战培训，15场累计总场观达到42万人次；2024年12月至2025年2月开展的微信小店培训及实战活动，500名学员报名参加学习，开通近100个微信小店，上架1 000余款农产品，这些小店的总订单量达到48万多单。我经常会举乡村CEO计划一期学员黄金的例子，在学习过程中，他就联合班里的同学抱团发展，不但联合出资在成都和桂林成立了公司实体，还成立了"乡村CEO甄选"农产品电商服务平台，目前平台上就汇聚了全国乡村CEO学员所在110个村庄的600多款"土特产"，去年通过视频号直播、达人带货及微信小店等方式，实现了近160万元的营收。今年，他联合乡村CEO计划二期的几名学员，扎根在成都，正在探索多村抱团发展的乡村经营模式。还有一期学员廖志腾，在学习期间，就选择了和同样来自广西桂林龙胜的同学潘玉祥、潘德辉抱团发展，三人先共同在当地成立了自己的农文旅公司，通过微信视频号、微信小店、云认养小程序、云服务小程序等数字化工具逐渐从串起6村到串起15村，与超过20名乡村CEO人才抱团发展，创新当地"土特产"组合销售、农文旅业态线路化经营。而在重庆酉阳何家岩村，这个我们为了验证观察乡村 CEO 培养效果，探索总结出"机制＋人才＋数字化"内生型系统性共富乡村建设解决方案的第一个示范村，建设之初的 2021 年，村集体经济收入不到 100 万元，在乡村 CEO 团队与项目专班的共同努力下，村集体经济收入增加到 2022 年的 479 万元，2023 年攀升至 699 万元，2024 年突破了 700 万元。更为可喜的是，何家岩共富乡村模式已被当地政府主导复制到全县 50 个村。

为乡村经营播下一粒粒火种，任重道远，注定是一件难而正确、需抱有长期主义决心的事，需要更多培养机构具备专业的培养能力，需要各级政府及各类服务主体共同形成一个服务乡村 CEO 的生态圈。非常欣喜的是，云南昭通学院"中国乡村 CEO 学院"又快走、早走了一步，结合这两年的教学管理实践，组织编写了《乡村 CEO 职业素养》《乡村 CEO 沟通实务》《乡村 CEO 法律实务》《乡村企业市场营销》《乡村企业库存管理》和《乡村企业财务管理》等一套系列图书，相信这套丛书不仅对乡村 CEO 有极强的学习实操价值，并且对培训机构研究和借鉴乡村 CEO 培养具有很强的参考价值。

是为序。

2025 年 1 月于北京

前 言

为了进一步促进乡村振兴，解决乡村经营管理人才的紧缺问题，2019年人力资源和社会保障部等部门正式把乡村CEO作为一种新的职业，旨在把经理人概念引入乡村，成为农业职业经理人或乡村运营师，从而帮助乡村提升经济活力和经营管理水平。作为强农惠农富农的重要职业角色，乡村CEO主要是作为农村集体经济和乡村企业服务的乡村职业经理人。为了帮助乡村CEO更好地经营乡村集体经济和乡村企业，有效提升乡村农特产品及其加工产品的销售，很有必要在乡村CEO培训中开设乡村企业市场营销课程。

营销活动是农村集体经济和乡村企业的重要活动，农产品的市场细分、目标市场选择以及市场定位是促进农产品销售的重要前提，营销策略是促进农产品销售的重要手段，因此乡村CEO在经营管理农村集体经济和乡村企业过程中均离不开市场营销，但鉴于市面上缺乏专门适用于乡村CEO的市场营销教材，根据昭通学院的安排由昭通学院张权、王学兵和罗定职业技术学院汪洋三人组成课题组，共同编写了《乡村企业市场营销》，旨在提升乡村CEO的营销素养和销售技能。

《乡村企业市场营销》围绕认识市场营销导论、市场营销环境与竞争战略、消费者购买行为、市场调研和市场细分、产品策略、价格策略、渠道策略和促销策略共八个方面介绍了市场营销的相关知识，这些内容通俗易懂，而且都与农产品市场及农产品息息相关，是乡村CEO的理想教材。

《乡村企业市场营销》的创新点在于编写体例上区别于传统市场营销的方式，通过项目概述、引导案例、任务导入、习题与实训等模块，有助于乡村CEO学以致用。

教材编写前我们大量阅读了前人的研究成果，充分吸收了相关编写经验和编写体例，但由于任务重时间紧以及经验不足等原因，书中难免有错漏之处，在此恳请各位领导、专家、学员批评指正。

乡村振兴是我国的国家战略，乡村现代化是国家现代化的重要组成部分。但我国乡村发展相对滞后，是实现国家现代化的短板，因而帮助乡村经济，特别是帮助乡村集体经济的发展和乡村企业的壮大，将是我们今后一段时期的重要使命，也是乡村CEO重点关注的领域。我们愿意与社会各界一起探索，共同奋斗，为乡村振兴和乡村现代化奉献自己的力量。

张权

2024年10月6日

目录

项目一 市场营销导论 ... 1
- 任务一 市场营销与营销组合 ... 2
- 任务二 市场营销观念 ... 8
- 任务三 新媒体营销 ... 11

项目二 市场营销环境与竞争战略 ... 14
- 任务一 市场营销环境 ... 15
- 任务二 市场竞争战略 ... 22

项目三 消费者市场购买行为 ... 27
- 任务一 影响消费者行为的因素 ... 28
- 任务二 消费者购买决策过程 ... 34

项目四 市场调研与市场细分 ... 37
- 任务一 市场调研及其步骤与方法 ... 38
- 任务二 市场细分 ... 40
- 任务三 目标市场选择与目标市场定位 ... 44

项目五 产品策略 ... 51
- 任务一 产品与产品组合 ... 52
- 任务二 产品生命周期与新产品开发策略 ... 56
- 任务三 品牌与包装策略 ... 60

项目六 价格策略 ... 64
- 任务一 定价目标 ... 65

任务二　定价方法 …………………………………………………… 68
　　　任务三　定价策略 …………………………………………………… 75

项目七　渠道策略 ……………………………………………………………… 82
　　　任务一　分销渠道与中间商 ………………………………………… 83
　　　任务二　分销渠道策略 ……………………………………………… 85
　　　任务三　分销渠道的发展 …………………………………………… 92

项目八　促销策略 ……………………………………………………………… 96
　　　任务一　促销和促销组合 …………………………………………… 97
　　　任务二　广告与人员推销 …………………………………………… 98
　　　任务三　营业推广与公共关系 ……………………………………… 115

项目一　市场营销导论

案例先导

三名不同表现的业务员

美国一家鞋业制造商希望拓展海外市场，因此派遣了一位销售人员前往非洲的一个小岛国，目的是考察当地是否有销售鞋子的潜力。这位销售人员在非洲仅停留了一天，便发回了一份电报："当地人不穿鞋，市场不存在。我将立即返回。"为了获得更准确的信息，公司随后又派出了第二位销售人员。这位销售人员在非洲逗留了一周后，发回了另一份电报："当地人不穿鞋，鞋子的潜在市场巨大，我计划向他们销售我们公司生产的鞋子。"面对这两种截然不同的反馈，公司总裁决定派遣第三位销售人员以获取更真实的市场情况。第三位销售人员在非洲待了三周后，发回了一份电报："当地人不穿鞋，原因在于他们的脚部有疾病。他们实际上想要穿鞋，只是过去我们公司生产的鞋子太窄，不适合他们。我们需要生产更宽的鞋子，以满足他们对鞋子的需求。此外，当地的部落首领不允许我们进行贸易活动，除非我们通过政府支持和公关策略来进行大规模的市场推广。为了打开这个市场，我们需要投资大约1.5万美元。这样，我们预计每年可以销售大约2万双鞋子，在这个市场上销售鞋子是有利可图的，投资回报率约为15%。"

（资料来源：李情民，《市场营销》，北京出版社2019年3月修订版，第2页。）

请思考

1. 三名业务员的不同表现带给你什么启示？
2. 根据这个案例，我们应该如何考虑在没有电力供应的乡村推广电脑？

任务一　市场营销与营销组合

一、市场营销的含义和核心概念

（一）市场营销的含义

产生于20世纪的市场营销学，因第二次世界大战后适应社会化大生产和市场经济快速发展的需要而备受重视。著名营销学家菲利普·科特勒教授把市场营销学定义为："通过满足客户需求来实现组织目标的管理学科"，强调了市场营销的目的是满足客户需求，同时指出市场营销是一门管理学科，需要系统性地进行规划、执行和评估。本书中市场营销是指企业或个人识别、预测和满足消费者需求和欲望的过程，以实现利润最大化。它包括市场研究、产品开发、定价、促销和分销等一系列活动。市场营销的目的是建立和维护与目标顾客的关系，通过提供有价值的产品或服务来满足他们的需求，同时确保企业的盈利和增长。市场营销包含如下三层含义。

（1）市场需求导向。市场营销首先是一种市场导向，即企业的所有活动都应该以市场和消费者的需求为中心。这意味着企业需要进行市场研究，了解消费者的需求和欲望，然后根据这些信息来开发产品或服务。

（2）价值创造过程。市场营销是一个价值创造的过程。企业通过提供产品或服务，满足消费者的需求，从而创造经济价值和社会价值。这不仅包括产品本身的价值，还包括品牌、服务、体验等附加价值。

（3）关系管理活动。市场营销还涉及与消费者、分销商、供应商和其他利益相关者建立和维护关系。这包括通过有效的沟通和促销活动来吸引和保留顾客，以及通过顾客服务和售后支持来增强顾客满意度和忠诚度。

（二）市场营销的核心概念

1. 需要、欲望和需求

需要和欲望是市场营销活动的起点。需要指的是消费者对产品或服务的基本要求，这些要求通常与满足消费者的生理或心理需求有关。基本的生理需要包括食物、水、睡眠和空气。例如，一个人需要每天摄取足够的营养来维持健康；消费者需要无污染、有机的农产品来保障自己和家人的健康。

欲望是指消费者想得到需要的特定满足品的愿望，个人欲望是指受不同文化及社会环境影响表现出来的对基本需要的特定追求，是基于消费者特定偏好的表达，如为满足"解渴"这一生理需要，人们可能选择喝开水、果汁、绿豆汤或者蒸馏水等；学生为了在考场保持头脑清醒购买红参等；再比如一些消费者可能渴望购买具有特定地理标志的农特产品，如阳澄湖大闸蟹，因为这些产品满足了他们对品质和地域特色的需求。企业可以通过营销提升消费者的消费欲望水平，并开发、生产及销售特定产品和服务来满足消费欲望。

需求是市场上消费者对产品或服务的实际购买意愿和能力。它是需要和欲望的结合，并且可以通过市场研究和销售数据来量化。需求是动态的，可以受到价格、收入水平、消费者偏好和市场趋势等因素的影响。如果市场上有一款新的健康饮料，消费者可能对它有很高的需求，因为它满足了他们对健康和便捷饮品的需要。营销人员可以通过分析销售数据和市场反馈来了解需求水平，并据此调整生产和营销策略。

2. 产品和商品

产品是指能够满足人们需要和欲望的，凝聚了一般人类劳动的物品或服务。产品的价值在于它能够满足人们的欲望，如购买汽车可以用于交通出行，衣服可以体现身份地位等等。与日常生活紧密相关的产品主要是农产品，它是指通过农业活动获得的产品。这些产品直接来源于植物和动物，或通过加工、转化这些原材料得到。农产品通常包括农作物、畜牧产品、水产品、林业产品和加工农产品，其中农作物有谷物、蔬菜、水果、坚果、豆类等，畜牧产品有肉类、奶制品、蛋类等，水产品有鱼类、贝类、海藻等海洋或淡水生物等，林业产品有木材、纸浆、树脂等森林资源等，加工农产品是对原始农产品进行加工后的产品，如葡萄酒、果汁、果酱、奶酪等。

产品实际上只是获得服务的载体。这种载体可以是物，也可以是"服务"，如当人们心情烦闷时，为满足轻松、解脱的需要，可以去参加音乐会，听歌手演唱等。商品是指参与交换的产品，如果产品没有进入流通领域，就不能成为商品。市场营销的目标就是促进产品的交换，促使产品以商品的形式实现交换，因此营销者必须明白，其提供的商品不管形态如何，必须能够满足客户和顾客的需要和欲望，否则必然失败。比如天麻被生产出来即为产品，用于自用还是产品，用于交换即为商品。天麻能够满足客户的交换需要或者顾客的养生需要，因此营销者可以采取营销手段把天麻卖出即实现了交换。产品一般有以下基本特征。

（1）价值性：产品能够满足消费者的某种需求或欲望，因此具有价值。

（2）可交换性：产品可以在市场上进行交换或销售。

（3）可消费性：产品可以被消费者使用或消耗。

（4）多样性：产品既可以是实体物品，也可以是无形的服务。

（5）生命周期：产品从设计、生产、销售到最终被消费者使用，都有一个生命周期。

3. 效用

效用是产品的有用性，是消费者对产品满足其需要的整体性的主观评价，消费者通常根据对产品价值的主观评价和需要做出购买决定，产品效用是消费者做出购买决策的重要因素之一，如果一个产品能够提供高效用，它就更有可能吸引消费者，从而在市场上取得成功。企业研发部门研发、设计和改进产品的目的是提高产品效用以满足不同消费者群体的需求。经营乡村企业和乡村集体经济的乡村 CEO 要带领团队和村民努力提高农产品的效用，满足消费者的高品质的营养需求、健康需求、实现乡村文化的传承的需求等，使消费者购买方便、携带方便、使用方便等。

4. 顾客让渡价值

顾客让渡价值是指顾客从给定产品和服务中所期望得到的全部整体利益，即总价值，包括产品价值、服务价值、人员价值和形象价值，以及去掉购买产品或服务所耗费的总成本而获得的价值。顾客让渡价值由顾客总价值和顾客总成本两部分组成。

顾客购买的总价值是指顾客从购买的产品或服务中获得的所有利益和满足感的总和，这个概念通常与顾客感知价值（Perceived Value）紧密相关，它包括以下几个方面。

①产品与服务的核心价值：包括产品的基本功能、质量、性能以及与产品相关的服务，如安装、维护和客户支持等。

②品牌与情感价值：品牌声誉、形象以及顾客对品牌的情感连接，包括品牌忠诚度和品牌所激发的情感体验。

③经济与价格价值：产品的价格与顾客感知的价值之间的关系，以及任何折扣、促销活动和价格合理性。

④便利性与可用性价值：购买过程的便利性，包括购物渠道的多样性、支付方式的便捷性、配送速度和产品的可获得性。

⑤定制化与个性化价值：产品或服务的个性化和定制化程度，以满足顾客的特定需求和偏好。

⑥附加与增值服务价值：除了产品本身外，额外提供的福利或服务，如会员特权、积分奖励、售后服务等。

⑦社会与心理价值：产品或服务对顾客的社会地位、社交关系以及心理满足感的影响，包括自我实现和成就感。

⑧美学、健康、安全与环境价值：产品的设计、外观、美学吸引力，以及对顾客健康和安全的保障，还包括产品对环境的影响和可持续性。

顾客购买的总成本包括直接成本、间接成本、精力和精神成本、体力成本，具体如下。

①直接成本：包括产品或服务的价格、配送费用、安装费用和维护费用等。

②间接成本：涉及时间成本、信息成本、风险成本和心理成本等。时间成本是顾客在购买过程中的等待时间；信息成本是获取产品或服务信息的成本；风险成本是购买决策可能带来的潜在风险；心理成本是决策过程中的焦虑和压力。

③精力和精神成本：顾客在购买商品时，在精力、精神方面的耗费与支出。

④体力成本：顾客在购买和使用产品过程中的体力耗费，如搬运、摆放等。

顾客让渡价值可以用公式形象地表示为：顾客让渡价值＝顾客购买的总价值－顾客购买的总成本。根据公式，提升让渡价值的策略是增加顾客购买的总价值，降低顾客购买的总成本。

5. 市场

市场是商品经济发展的产物，随商品经济的发展而发展。随着商品经济的发展，市场的概念在不同的学科领域有不同的含义。地理学上的市场是指商品交换的场所，这是最早的市场概念，也是商品交换的必要条件。

市场的经济学概念是指商品交换关系的总和，是从事商品生产和商品交换的生产者、经营者、消费者之间交换行为和在交换活动中体现的经济关系的总和，经济关系表现为供求关系、竞争关系和利益关系等。经济学上的市场强调"市场机制"的调节作用，即强调供求法则、价格机制和竞争机制。经济学上的市场还涉及市场结构和市场失灵等概念。

营销学上的市场是指某项产品或劳务现实的或潜在的购买者的结合，这一概念是从企业或者卖方角度定义的，现实的购买者是指既有支付能力又具有购买意愿的购买者，他们构成现实市场，潜在的购买者只具备购买意愿或只具备支付能力，构成潜在市场。现实市场的三要素包括具有需要的人口、购买力和购买欲望，用公式可以表示为：市场＝人口＋购买力＋购买欲望。

二、营销组合

（一）4P 组合

4P 组合是市场营销领域的一个核心概念，由美国营销学者麦卡锡（E. Jerome McCarthy）在 20 世纪 60 年代提出，被称为 4P 理论。这个理论将市场营销策略划分为四个基本要素：产品（Product）、价格（Price）、渠道（Place）、促销（Promotion）。这四个要素构成了市场营销的框架。

1. 产品策略

产品策略涉及企业提供给市场的商品或服务，包括产品的设计、质量、特性、品牌和包装等方面。它需要考虑消费者的需求和偏好，以及产品在市场上的定位。产品策略是企业市场营销的重要组成部分，包括产品概念、产品组合、新产品开发、产品定位和产品战略规划等多个方面。

2. 价格策略

在4P理论中，价格策略是企业市场策略的关键部分，它影响企业的收益和市场竞争力。价格策略包括定价目标（如利润最大化、销售额最大化、市场份额目标、质量信号和客户满意度等）、价格策略（如竞争导向、成本导向、价值导向等）以及定价方法（如成本加成法、市场渗透法、撇脂法、限制价格法、心理定价和价格歧视等）。

3. 渠道策略

渠道策略关注产品从生产者到消费者手中的流通过程，包括选择合适的销售渠道、分销网络、库存管理、运输方式、市场覆盖范围和物流等。渠道策略的内容包括使目标顾客能够接近和获取产品的各种活动策略，有效利用各种中间商和营销服务设施，以便更有效地将产品和服务提供给目标市场。渠道策略需要考虑渠道覆盖面、商品流转环节、中间商、网点设置以及储存运输等可控因素的组合和运用。此外，渠道策略还涉及渠道的长度，包括从生产商直接到消费者的最短渠道，以及包含多个中间环节的较长渠道。企业在选择渠道策略时，需要平衡品牌商对渠道和终端市场管理的把控力，以及渠道铺设的广度和深度。渠道策略的实施还需要考虑直营与非直营的区别，直营即总公司直接经营，而非直营可能涉及代理商、经销商、零售商、加盟商等多种合作伙伴。在现代市场营销中，渠道策略还应考虑线上和线下的结合，以及如何利用多媒体和网络平台进行产品推广和销售。

4. 促销策略

促销策略是4P营销理论中的关键要素之一，它涉及企业如何通过各种手段和活动来提高产品知名度、吸引潜在顾客、激发购买欲望，并最终促成销售。促销策略的主要内容包括广告，即通过各种媒体渠道（如电视、广播、互联网、社交媒体、印刷品等）传播产品信息，提高品牌和产品的知名度；公关，即通过新闻稿、媒体采访、事件营销等方式塑造积极的品牌形象，建立与公众的良好关系。

销售促进，即通过短期的促销活动（如折扣、优惠券、试用装、赠品、样品、竞赛等）刺激消费者的购买欲望；个人销售，即通过销售人员直接与客户沟通，了解客户需求，提供个性化的服务和解决方案；直接营销，即通过邮件、电子邮件、电话销售等方式直接与消费者沟通，提供定制化的产品和服务；网络营销，即利用互联网平台进行产品推广，包括搜索引擎优化、电子邮件营销、社交媒体营销、内容营销等。此外还有事件营销、联合促销、品牌大使和代言人、社会责任营销和客户关系管理等等。

（二）4C组合

营销组合是指企业在特定的目标市场内，根据外部环境、自身实力和竞争格局，对其可控的营销要素进行最优化的组合和运用，以实现企业的既定目标和任务。随着市场环境、技术发展和竞争态势的不断变化，营销组合也在不断演进。虽然许多企业仍然遵循传统的4P理论，即产品（Product）、价格（Price）、促销（Promotion）、渠道（Place）四个要素来构建其市场策略，但随着社会经济的发展，消费者需求的个性化和多样化日益明显，4P理论的适用性受到了挑战。因此，20世纪90年代，美国市场营销专家罗伯特·劳特伯恩提出了4C理论，以取代4P理论。4C是指顾客（Customer）、成本（Cost）、便利（Convenience）和沟通（Communication）。

1. **顾客**

4C理论认为，顾客是企业所有经营活动的核心，企业对顾客的关注应该超越对产品的重视。这体现在两个主要方面：首先，创造顾客比开发产品更为关键；其次，满足消费者的需求和欲望比产品的功能更为重要。例如，制鞋公司通过赋予鞋子不同的情感色彩，如男性情感、女性情感、优雅感、轻盈感、成熟感等，并以"笑""泪""愤怒"等命名，从而吸引了大量消费者。

2. **成本**

4C理论将成本视为产品价格的一个决定因素。这包括两个方面：一是企业生产成本，即生产符合消费者需求的产品的成本；二是消费者的购物成本，这不仅包括货币支出，还包括时间、体力和精神的消耗，以及购买风险（如购买到质量不符或假冒伪劣产品的风险）。近年来，出现了一种新的定价思维，即"消费者接受的价格 - 适当的利润 = 成本上限"，这种模式将消费者接受的价格作为决定性因素，企业为了获得更大的利润，必须努力降低成本。

3. **便利**

4C理论强调，企业提供给消费者的便利性比营销渠道更为重要。便利性是指方便顾客，这一原则应该贯穿于营销的整个过程：在顾客购买前，企业应该提供关于产品性能、质量、使用方法和效果的准确信息；在购买过程中，企业应该提供最大的购物便利，如自由选择、方便停车、免费送货等；在购买后，企业应该重视跟踪调查和信息反馈，及时回应和处理顾客意见，对有问题的商品主动提供退换服务，对产品使用故障提供维修便利，对大件商品甚至提供终身保修。成功的企业无不在服务上下足功夫，许多企业为了方便顾客，还提供了热线电话服务、咨询导购、代购代送等服务，并在接到顾客投诉时及时回应，安排专人维修和排除故障。

4. **沟通**

4C理论用沟通取代了促销，强调企业应该重视与顾客的双向沟通，以积极的方式适应顾客的情感，建立基于共同利益的新型企业与顾客关系。4C理论认为，企业营销不仅仅是提出承诺和单向劝导顾客，更重要的是追求企业与顾客的共同利益；同时，强调双向沟通有助于协调矛盾、融洽感情、培养忠诚的顾客，而忠诚的顾客既是企业稳定的消费者，也是企业理想的推销者。

从4P理论向4C理论的转变表明，企业的市场营销理念将从卖方角度转向买方角度，即先研究消费者的愿望和需求，不再仅仅销售公司能生产的产品，而是销售顾客想要购买的产品；暂时放弃主观的定价策略，而应了解消费者为满足其需求所愿意支付的成本；放弃固定的地点策略，优先考虑如何向消费者提供购买产品的便利；最后，用沟通来取代促销。

任务二　市场营销观念

营销观念是企业在一定时期、一定生产经营技术和市场环境条件下，进行全部市场营销活动，试图正确处理企业、顾客和社会三者利益方面的指导思想和行为的根本准则。一定的市场营销环境要求一定的思想观念与之相适应。市场营销观念大致经历了生产观念、产品观念、推销观念、市场营销观念和社会营销观念五个阶段。前三个阶段的观念往往遵循4P理论，经济学上以供给为中心，营销学上以企业为中心，属于传统观念；后两个阶段的观念往往遵循4C理论，经济学上以需求为中心，营销学上以市场为中心，属于现代观念，可分别称为顾客导向观念和社会营销导向观念。

一、传统营销观念

（一）生产观念

生产观念是商业领域最早产生的营销观念之一，盛行于物资短缺、产品供不应求的卖方市场条件下。这种观念认为，消费者偏好那些容易获得且价格低廉的产品。企业因此专注于提高生产效率、扩大生产规模，以降低成本并增加市场供给。

生产观念以生产者为中心，其经营理念是"我生产什么，就卖什么"。在这种观念指导下，企业将主要精力放在产品的生产上，追求高效率、大批量生产和低成本，不太关注市场上消费者的具体需求。

生产观念的特点是生产导向，企业以生产部门作为核心，着重于提高生产效率和降低成本；产品同质化，产品品种单一，生命周期较长，缺乏多样化；市场关注有限，企业更关心产品供应的充足性而非消费者需求的多样性。

对于乡村企业，生产观念有其适用场景，尤其是在以下情况：资源禀赋优势，乡村企业可以依托当地资源优势，专注于生产具有成本优势的产品；市场需求明确，在消费者需求相对单一或固定的情况下，生产观念有助于快速响应市场；技术改进，通过技术革新提高生产效率，降低成本，提升产品竞争力。然而，乡村企业在应用生产观念时也应警惕其局限性，避免因忽视市场需求变化而导致的产品滞销。应结合市场需求和消费者偏好，适时调整生产策略，以实现可持续发展。

（二）产品观念

产品观念的背景是在市场产品供不应求的"卖方市场"形势下产生的一种企业经营指导思想。它强调以产品为中心，通过提高或改进产品质量和功能来吸引顾客购买。产品观念认为消费者最喜欢高质量、多功能和具有某种特色的产品。企业应致力于生产高价值产品，并不断加以改进。

产品观念的内容主要包括：强调产品质量和特色，以专业的眼光确立产品质量和特色；强调产品技术的先进性，通过技术提升产品竞争力；以生产为中心，不断改进产品，增加产品的价值。然而，产品观念也存在缺点，如不注重产品销售和市场需求，容易导致"市场营销近视"，只看到自己的产品质量好，看不到市场需求在变化，致使企业经营陷入困境。

对于乡村企业而言，产品观念的适用性需要结合乡村的实际情况进行调整。乡村企业可以依托当地特色资源，开发具有地域特色的高质量产品，同时注重产品与当地文化的结合，提升产品的文化价值和市场竞争力。此外，乡村企业在应用产品观念时，也需要关注市场需求变化，避免因过度专注于产品质量而忽视市场动态，造成产品与市场需求不匹配的问题。

乡村企业在发展过程中，可以通过以下方式利用产品观念：利用当地特色资源，开发高质量、具有特色的产品；结合乡村文化，提升产品附加值；关注市场需求变化，及时调整产品策略；通过品牌建设，提高产品知名度和影响力。同时，乡村企业在发展过程中还应关注国家相关政策的指导，如《全国乡村产业发展规划（2020—2025年）》中提到的农产品加工业的壮大、乡村特色产业的拓展、乡村休闲旅游业的优化升级等，这些都是乡村企业可以利用产品观念进行发展的领域。

（三）推销观念

推销观念，又称为销售观念，是在企业经营活动中以销售为中心的思想。这种观念认为消费者通常表现出购买惰性或抗拒心理，如果顺其自然，消费者一般不会足量购买某一企业的产品，因此企业必须积极推销和大力促销，以刺激消费者购买本企业的产品。推销观念在产品过剩时经常被采用，企业短期目标是销售其能生产的产品，而不是生产能销售的新产品。

推销观念诞生于第一次世界大战与第二次世界大战之间的时期，当时西方发达国家大多处于严重的经济危机时期，尤其是1929—1933年的经济危机导致产品相对过剩，很多企业倒闭。在这种形势下，各企业开始重视推销工作，纷纷成立推销机构，组建推销队伍，培训推销人员。

对乡村企业而言，推销观念的适用性在于能够帮助它们积极销售产品，尤其是在产品过剩或市场竞争激烈的情况下。乡村企业可以利用推销观念通过各种推销技术和促销活动，提高产品知名度和市场占有率。同时，乡村企业在运用推销观念时，也应结合市场营销观念，关注消费者需求，提供满足市场需求的产品和服务，实现可持续发展。

然而，推销观念也存在局限性。它可能导致企业过分关注短期销售而忽视长期顾客关系和品牌建设。因此，乡村企业在使用推销观念时，应结合市场和消费者需求，平衡短期销售和长期发展的关系。

二、市场营销观念

市场观念是企业处理与顾客关系的基本经营思想，它以顾客需求为企业经营的出发点和落脚点。市场观念的核心理念包括以市场为出发点、以顾客需要为导向、以协调市场营销为手段，以及以盈利为目的。市场观念的概念产生于20世纪50年代，当时社会生产力迅速发展，市场出现了供大于求的买方市场局面。在此背景下，企业之间为了实现产品的竞争加剧，许多企业开始认识到必须转变经营观念，才能求得生存和发展。

市场观念的特点包括：以顾客为中心，强调顾客需求的重要性；着重于市场调研，了解并预测市场变化和消费者行为；通过满足顾客需求来获得利润，而非单纯追求生产量的增加；强调协调营销策略，包括产品、价格、地点（分销）和促销（沟通）。

对乡村企业而言，市场观念的适用性体现在：乡村企业应深入了解当地市场需求，开发符合消费者需要的产品和服务；利用当地特色资源，打造具有地域特色的品牌，提升产品竞争力；通过市场调研，及时调整经营策略，以适应市场变化；注重顾客反馈，不断改进产品和服务，提高顾客满意度；在乡村振兴战略背景下，农村市场企业要立足于自身的发展优势，积极把握发展契机，科学构建发展战略，提升发展质效。

三、社会市场营销观念

社会市场营销观念诞生于20世纪70年代，是对传统以利润为中心的市场营销理念的深化。面对全球性的能源危机、环境退化和消费者权益上升，这一观念强调企业应在追求经济效益的同时，兼顾社会责任和环境可持续性，以实现长期的企业、消费者和社会三赢局面。

社会市场营销的核心在于"三重底线"原则：经济利润、社会责任和环境可持续性。企业应识别并满足消费者需求，同时保护和增进社会福利，确保营销活动对环境友好，促进资源的合理利用和生态平衡。

主要特点：利益均衡，平衡企业利润、消费者需求和社会利益，避免短期利益损害长期福祉；长期视角，超越即时利润，注重长期发展和品牌忠诚度的建立；环境责任，在产品开发和市场推广中，融入环保理念，减少对自然资源的消耗和污染；文化敏感性，尊重并利用地方文化特色，增强产品的文化价值和社会认同。

乡村企业应用社会市场营销观念，关键在于本土资源开发，利用本土自然资源和文化特色，开发差异化产品；社区合作，与社区建立合作关系，共同开发产品，提升社区参与感和产品的社会价值；生态保护，在生产过程中采用环保技术，减少对环境的影响，打造绿色品牌形象；品牌故事，构建品牌故事，传递乡村文化和社会责任，提升品牌影响力；知识培养，对乡村企业家和员工进行社会市场营销培训，提升其对社会责任和环境保护的认识。

社会市场营销观念为乡村企业提供了实现可持续发展的新思路，有助于在促进经济增长的同时，保护乡村环境，传承乡村文化，实现社会和谐。

任务三　新媒体营销

随着互联网技术的飞速发展和移动设备的普及，新媒体平台如社交网络、博客、微博、短视频等已成为人们获取信息和进行社交互动的主要场所。这种变化促使营销领域发生了革命性转变，企业开始利用新媒体的广泛覆盖和高互动性来接触和吸引潜在客户。新媒体营销以其低成本、高效率的特点，为乡村企业打开了新的市场空间，提供了与城市企业公平竞争的平台。

一、新媒体营销的概念和意义

新媒体营销是指企业通过新媒体渠道，如社交网络平台、搜索引擎、博客、微博、短视频和直播平台等，进行品牌传播、产品推广和用户互动的一系列营销活动。它强调内容的创造性、互动性和传播性，通过创造有价值的内容吸引目标用户，激发用户的参与和分享，从而达到提升品牌知名度、建立用户关系和促进产品销售的目的。

新媒体营销的重要意义包括以下几方面。一是拓宽市场渠道：新媒体营销帮助乡村企业突破地理限制，将产品推向更广阔的市场，实现农产品的直销，减少中间环节，提高利润空间。二是增强品牌影响力：通过新媒体平台的传播效应，乡村企业可以塑造和强化品牌形象，提升品牌在消费者心中的认知度和好感度。三是精准定位目标客户：新媒体营销利用大数据和用户行为分析，帮助乡村企业更准确地识别和满足目标客户的需求，实现精准营销。四是提高市场响应速度：新媒体的即时性和互动性使乡村企业能够快速响应市场变化和消费者需求，及时调整营销策略。五是促进乡村经济发展：新媒体营销为乡村企业提供了新的增长点，有助于推动乡村产业升级和经济多元化发展，实现乡村振兴战略等。

二、新媒体营销的特征

（1）即时性与交互性：新媒体营销信息传播速度快，用户可以通过智能终端快速发布和接收信息，实现双向互动交流。

（2）超时空性：新媒体营销打破了时间和地域的限制，信息可以在全球任何角落、任何时间被接收和传播。

（3）个性化与社群化：新媒体营销允许用户根据自己的兴趣和需求选择信息，形成特定的社群，进行个性化的互动和沟通。

（4）多媒体与超文本：新媒体营销整合了文字、图片、声音和视频等多种媒介形式，提供丰富的信息体验。

（5）内容形式多样化：新媒体营销内容不仅限于文字，还包括图片、视频等多种形式，满足不同用户的消费习惯。

三、新媒体营销模式及其对乡村企业的适应性

（一）新媒体营销模式

新媒体营销模式是指在数字化时代，企业或个人利用新媒体平台进行品牌推广、产品营销和客户关系管理的一系列策略和方法。这些模式通常基于互联网技术，尤其是社交媒体、移动设备、搜索引擎、内容共享平台等。

新媒体营销模式的概念涉及以下几个核心要素。

①基于数字技术的营销：新媒体营销模式主要依托于互联网和数字技术，包括社交媒体、移动应用、搜索引擎等。

②多渠道策略：结合不同的新媒体平台，如微博、微信、抖音等，形成多渠道营销策略。

③内容创造与分享：创造高质量、有吸引力的内容，并鼓励用户分享，以提高品牌知名度和用户参与度。

④用户参与和互动：新媒体营销强调与用户的双向互动，包括评论、点赞、分享和直接反馈。

⑤个性化与定制化：利用用户数据分析，提供个性化的营销信息和定制化的用户体验。

⑥社交影响：借助社交网络中的意见领袖（KOLs）或网红的影响力，扩大品牌的社会认可度。

⑦移动优先：考虑到用户越来越多地通过移动设备访问内容，新媒体营销策略往往是以移动设备为中心的。

⑧数据驱动：运用数据分析工具来衡量营销效果，优化策略，并实现精准营销。

⑨可持续性：新媒体营销注重长期效果，建立可持续的客户关系和品牌忠诚度。

⑩技术应用：运用最新的技术，如人工智能、大数据分析、增强现实（AR）、虚拟现实（VR）等，来提升营销效果和用户体验。

（二）新媒体营销模式对乡村企业的适应性

新媒体营销模式对乡村企业的适应性体现在以下几个方面。

①创新扩散：新媒体营销可以帮助乡村企业快速传播品牌和产品信息，通过创新扩散理论，使农产品品牌传播更加有效。

②市场销售转型：新媒体营销促使乡村企业从传统的经销商主导市场销售模式转变为消费者主导，利用互联网的开放性，让消费者拥有更高的参与度和话语权。

③品牌维护：新媒体营销让乡村企业的品牌维护从依赖营销人员转变为利用粉丝群体，通过社交化传播，加快品牌扩散速率。

④品牌推广创新：新媒体营销模式下，乡村企业可以通过创造话题和爆点来吸引消费者，与传统广告宣传相比，这种方式成本更低，效率更高。

⑤多渠道整合：乡村企业可以利用新媒体营销整合多媒体平台，如电子商务、社交 App 等，实现立体式扩散，提高品牌信息传播效率。

⑥技术应用：新媒体营销模式鼓励乡村企业应用新技术，如 VR 全景技术，来提升用户体验和产品吸引力。

⑦直播带货：新媒体营销模式下的直播带货为乡村企业提供了新的销售渠道，通过直播形式，可以更直观地展示农产品特点，增加消费者信任。

⑧电商直播助农：电商直播作为新媒体营销的一种形式，为乡村振兴和网络扶贫提供了新途径，通过直播带货可以增加农民收入，推动乡村产业发展。

⑨新媒体营销模式为乡村企业提供了与现代市场接轨的机会：通过创新的营销手段和渠道，有助于提升乡村产品的市场竞争力和知名度，推动乡村振兴。

请扫码答题

项目二 市场营销环境与竞争战略

案例先导

迅速升温的中国宅经济

在现代科技的推动下，越来越多的人选择在家中完成日常活动，这种趋势催生了"宅经济"的蓬勃发展。随着在线交易方式的多样化和网上支付技术的不断进步，新一代的"宅家族"如雨后春笋般涌现。

他们选择在家中完成购物、工作、社交等活动，将传统的外出消费模式转变为"宅家"消费，从而推动了"宅经济"的快速增长。根据腾讯2019年的财务报告，微信的月活跃用户数已经达到了11.64亿人次，年增长率为6.1%。在这种背景下，腾讯的商业支付日均交易量超过了10亿笔，月活跃用户数超过8亿，月活跃商家数量超过了5 000万家。同时，小程序的日均交易量同比增长超过了一倍，交易总额超过了8 000亿元人民币。除了微信，其他电商平台如支付宝、京东商城等的日交易量和交易额也在不断攀升。

在这种趋势下，一些在线菜市场如上海的"买菜网"、杭州的"天鲜配"等变得非常受欢迎。这些在线菜市场主要服务于那些忙碌且不愿意与菜贩讨价还价的白领阶层。在线买菜平台提供了多种支付方式，包括支付宝、微信、网上银行、货到付款、会员卡预存费用等，为消费者提供了广泛的选择。

此外，互联网上也出现了许多适合在家或学校兼职的工作机会。例如，一些代理出版社打字、录入、排版业务的外包公司在网上公开招募，提供了每万字35元的薪资标准，而兼职人员的工资则通过支付宝、银行转账等方式支付。

随着网民数量的不断增加，"宅经济"的增长势头强劲，与之相关的配送服务也迅速升温，成为现代生活中不可或缺的一部分。

（资料来源：https://www.10guoying.com/news/5235.html，有所改编）

分析当前市场环境下，消费者的消费习惯发生了哪些变化。

任务一　市场营销环境

市场营销环境是指影响企业与目标顾客建立并保持互利关系等营销管理能力的各种角色和力量。它们是存在于企业营销系统外部的不可控制或难以控制的因素和力量，这些因素和力量影响企业营销活动及其目标的实现。

企业营销活动要以环境为依据，企业要主动地去适应环境。企业可以了解和预测环境因素，不仅主动地适应和利用环境，而且通过营销努力去影响外部环境，使环境有利于企业的生存和发展，有利于提高企业营销活动的有效性。

营销环境包括微观环境和宏观环境。微观环境指与企业紧密相连，直接影响企业营销能力的各种参与者，包括企业本身、市场营销渠道企业（即供应商和中间商）、顾客、竞争者以及社会公众，微观环境直接影响与制约企业的营销活动，多半与企业具有或多或少的经济联系，也称直接营销环境，又称作业环境。宏观环境指影响微观环境的一系列巨大的社会力量，主要是人口、经济、政治、法律、科学技术、社会文化及自然生态等因素，宏观环境一般以微观环境为媒介去影响和制约企业的营销活动，在特定场合，也可直接影响企业的营销活动，宏观环境被称作间接营销环境。宏观环境因素与微观环境因素共同构成多因素、多层次、多变的企业市场营销环境的综合体。

一、微观营销环境

微观营销环境是指与企业紧密相连、直接影响企业营销能力的各种参与者和力量的总和。包括企业自身、供应商、营销中介、顾客、社会公众和竞争者。

（一）企业自身

企业微观环境是指企业内部环境，包括最高管理层、市场营销部门和其他职能部门等，企业为实现其目标，要依赖最高管理层制定相应的战略规划和决策方案，其他职能部门很可能要进行研发、采购、制造、财务等业务活动，每个部门的活动都会对营销活动产生影响，形成企业的微观营销环境。市场营销部门在制订和实施营销计划时，不仅要考虑企业外部环境力量，还要考虑企业内部环境力量。例如，经营一家饭店要使三组人满意：顾客、员工和股东。虽然这三组人都很重要，但满意的先后顺序应该是这样的：首先，公司应让员工满意，只有员工热爱工作，并以自己的工作为荣，他们才能更好地服务于顾客，使顾客感到满意；其次，顾客只有感到满意才会重新光顾饭店，这样才能给股东带来丰厚的收益。由此可见，内部环境力量也是十分重要的。

首先，最高管理层是企业的最高领导核心，负责制定企业的任务、目标、战略和政策。营销管理者只有在最高管理者规定的范围内做出各项决策，并得到上层的批准后才能实施。

其次，销售、广告、产品管理和市场调查这些不同的市场营销职能部门必须相互协调。事实上，销售部门经常对产品管理部门制定"过高的价格"或"过大的销售目标"而感到不妥；或因为广告主管不同意一个"最好的广告活动"而心怀不满。这些职能部门必须从顾客的观点出发，相互协调。

最后，营销部门还必须和公司的其他业务部门（如制造部门、采购部门、研究与开发部门、财务部门等）充分协作，共同研究、制订年度和长期计划。如果营销活动只有营销部门参与，那是行不通的，只有公司的全体员工全部认识到自己对使顾客满意所应发挥的作用，市场营销活动才最有效果。

（二）供应商

供应商是向企业及其竞争对手供应生产特定的产品和劳务等所需各种资源的企业和个人，包括提供原材料、设备、能源、劳务、资金等。供应商对企业营销的影响是很大的，他们所提供资源的价格、质量、供应量、供应时间等，直接影响着企业产品的价格、销量、利润。

供应商对乡村企业营销的重要影响主要体现在以下几个方面。

①产品质量保证：供应商提供的高质量原材料是乡村企业产品品质的基础，直接影响消费者对企业产品的信任和满意度。

②成本控制：供应商的价格直接影响乡村企业的成本结构和最终产品的定价策略，进而影响市场竞争力。

③供应链稳定性：供应商的稳定性关系到乡村企业能否持续稳定地向市场提供产品，避免因供应中断而造成的市场机会损失。

④创新支持：供应商的创新能力可以为乡村企业带来新的产品开发和市场机会，增强其市场适应性和多样性。

⑤响应速度：供应商对订单的响应速度和交付效率，影响乡村企业满足市场需求的能力，尤其是在快速变化的市场中。

⑥服务与支持：供应商提供的售后服务、技术支持等，可以增强乡村企业的市场服务能力，提升客户满意度和忠诚度。

⑦品牌声誉：与知名或高质量的供应商合作可以提升乡村企业的品牌形象，增加消费者对企业产品的认可。

⑧市场信息反馈：供应商可以提供市场趋势、消费者偏好等重要信息，帮助乡村企业更好地理解市场需求，调整营销策略。

⑨合作模式：与供应商建立的合作模式，如独家供应、长期合同等，可以为乡村企业带来更稳定的市场预期和风险管理。

⑩技术和创新共享：与技术先进的供应商合作，可以促进乡村企业在产品创新、包装、物流等方面的技术升级和创新。

⑪政策和市场准入：供应商可能对政策变化和市场准入条件有更深入的理解，能够帮助乡村企业把握政策机遇，适应市场变化等。因此，乡村企业在与供应商保持关系时，一要掌握资源供给使自己在市场竞争中处于优势地位，二要建立良好的合作关系，为提高市场营销水平共同努力。

（三）顾客

顾客是企业服务的对象，企业营销需要了解它的顾客。顾客构成了企业的市场，根据购买者及其购买目的，可把市场分为消费者市场、生产者市场、中间商市场、政府市场和国际市场。

顾客对乡村企业的影响是多方面的。

①顾客满意度和忠诚度：顾客的满意度是乡村企业成功的关键因素之一，高满意度可以转化为顾客忠诚度，促使顾客进行重复购买和推荐，从而增加乡村企业的入住率和利润。

②服务质量感知：顾客对服务质量的感知直接影响其满意度。

③品牌形象和口碑：顾客的正面评价和推荐可以加强乡村企业的品牌形象和口碑，吸引更多的顾客。

④市场定位和产品创新：顾客的反馈和需求可以指导乡村企业进行市场定位和产品创新，了解顾客的偏好和市场趋势有助于企业调整服务和产品，以更好地满足市场需求。

⑤政策和市场机遇：乡村振兴战略为乡村企业带来了新的发展机遇，企业可以利用这些政策优势，结合顾客的需求，开发新的市场和产品，实现可持续发展。

⑥顾客信任：建立顾客信任对于维持长期的顾客关系至关重要。顾客信任可以基于品牌认可、服务质量和企业诚信等方面建立，是提高顾客忠诚度的基石。每种顾客市场的特点各不相同，具体的市场需求规模、市场占有率、发展速度也有所不同。因此，对于不同顾客的营销策略要有其差异性和针对性。

（四）营销中介

营销中介是指为企业营销活动提供各种服务的机构和企业总称，包括中间商、实体分配机构、营销服务机构（调研公司、广告公司、咨询公司等）、金融中间人（银行、信托公司、保险公司等）。这些都是市场营销中不可缺少的中间环节，大多数企业的营销活动，都需要它们的协助才能顺利进行，因为这样分工比较经济。乡村企业营销中介的种类与内容涵盖了多个方面，主要包括以下几种类型。

①技术服务型中介：组建科技服务站，向农民传授种植、养殖和加工等方面的技术，提供科技咨询，促进科技商品化和技术价值化。

②市场开拓型中介（营销经纪人）：掌握各地市场行情，开拓市场，大量销售农副产品，形成品牌效应。

③信息经纪人：组建信息服务站，为农民提供市场需求信息，推荐高质量、高效益的经济作物，调整农业种植结构。

④储运、加工经纪人：负责收购农民产品，进行储备加工，让农产品卖上好价钱。

⑤以专业协会形式的中介组织：技术服务型和市场开拓型，如订单农业型，协会向外跑市场签订单，统一技术培训，与会员和农户签订合同，统一销售。

⑥乡村电商：利用互联网、电商平台以及人工智能等技术，广泛推广农村特色农产品品牌，提升市场化和国际化营销效果。

⑦农产品物流与供应链管理：构建高效的物流网络，降低损耗成本，推动农产品在各物流节点间形成有效连接。

这些中介组织在乡村振兴中发挥着关键作用，不仅帮助农民解决销售问题，还提供技术支持、市场信息、文化娱乐等多方面服务，推动了农村经济的全面发展和农民的增收。

二、市场营销宏观环境

宏观营销环境是指企业在进行市场营销活动时所面临的外部环境，它包括多种因素，如人口环境、经济环境、政治法律环境、社会文化环境、自然环境和科技环境等。这些因素对企业的营销策略和活动有着深远的影响。

1. 人口环境

人口数量、结构、分布等直接影响市场规模和潜在容量。例如，不同年龄、性别、教育水平和职业的消费者对商品和服务的需求存在差异，企业需要根据这些特征来调整其营销策略。对乡村企业来说人口环境对农产品消费的影响是多方面的，主要有以下几方面。

①人口总量：人口数量直接决定了农产品市场的潜在规模。随着人口的增长，对农产品的总需求量也会增加。例如，根据中国农业科学院的分析，预计到2025年和2030年，中国的粮食消费需求量将分别达到6.37亿吨和6.85亿吨，肉类需求量将达到

8.1 亿吨和 9.5 亿吨。

②年龄结构：不同年龄段的人口对农产品的需求不同。年轻人可能更偏好加工食品和快速食品，而老年人可能更倾向于传统的、天然的农产品。随着人口老龄化的加剧，对健康食品和营养补充品的需求可能会增加。

③性别比例：虽然性别对农产品消费的影响可能不如其他因素明显，但性别差异可能导致对某些农产品的不同偏好。例如，男性可能更倾向于肉类和能量密集型食品，而女性可能更偏好水果和蔬菜。

④城乡分布：城市居民和农村居民的农产品消费模式存在差异。城市居民可能更倾向于购买加工过的农产品和进口食品，而农村居民可能更多地消费自产的农产品。随着城镇化的推进，城市居民对农产品的需求模式可能会逐渐影响整体市场。

⑤教育水平：教育水平较高的人群可能更加关注农产品的质量、安全性和营养价值，因此可能更愿意购买有机农产品和绿色食品。教育水平也可能影响消费者对农产品信息的获取和处理能力，从而影响他们的消费决策。

⑥人口分布：人口分布不均会影响农产品的供需平衡。人口密集的地区可能需要更多的农产品供应，而人口稀少的地区可能面临农产品销售困难。此外，不同地区的气候和土壤条件也会影响当地农产品的种类和产量。

2. 经济环境

营销的经济环境是指那些影响企业营销活动和消费者购买行为的经济因素和条件。这些因素包括但不限于消费者的收入水平、消费偏好、市场的购买力、经济周期、通货膨胀率、利率、汇率、政府的财政和货币政策等。营销的经济环境对企业制定营销策略、产品定价、促销活动、分销渠道选择等方面都有重要影响。

收入水平：消费者和企业的收入水平直接影响了他们的购买力和消费能力。根据《中国乡村振兴综合调查研究报告 2021》，农村地区的老龄化程度远超全国平均水平，这可能意味着劳动力减少，从而影响农村地区的收入水平和消费能力。乡村企业在制定营销策略时，需要考虑目标市场的收入状况，以确定合适的产品定价和促销策略。

消费偏好：消费者的偏好是影响市场需求的关键因素。随着生活水平的提高，消费者可能更倾向于购买高品质、健康、绿色的产品和服务。乡村企业应通过市场调研了解目标消费者的偏好，并据此调整产品特性和营销信息，以满足消费者的需求。

市场的购买力：市场的购买力是指消费者在一定时期内用于购买商品和服务的能力。乡村企业的市场营销策略应考虑当地市场的购买力水平，包括产品定价、促销活动和分销渠道的选择。例如，如果乡村市场的购买力较低，企业可能需要提供更经济的产品或采用更具吸引力的促销策略。

经济周期：经济周期的波动会影响消费者的收入和消费信心，进而影响市场需求。

在经济衰退期，消费者可能会减少非必需品的购买，而在经济繁荣期，消费需求可能会增加。乡村企业需要密切关注宏观经济趋势，以便及时调整营销策略，应对经济周期变化带来的影响。

通货膨胀率：通货膨胀率是衡量货币购买力下降的指标，它会影响消费者的购买力和消费行为。高通货膨胀率可能会导致消费者减少非必需品的购买，而寻求保值的商品和服务。乡村企业在制定价格策略时，需要考虑通货膨胀率对消费者购买力的影响，并可能需要通过提高产品价值来吸引消费者。

3. 自然环境

自然环境在营销活动中指的是企业营销所依赖和影响的自然条件和资源，包括水资源、能源等。这些资源的短缺、环境的污染和政府的环保政策都会对企业造成影响。因此，企业需要在营销策略中考虑这些因素，以适应资源短缺和环保要求。

乡村企业要充分挖掘和利用自然环境。乡村企业应依托当地的自然资源和文化特色，开发具有地域特色的产品，如特色农产品、手工艺品等，这些产品往往能够满足市场对独特性和个性化的需求。根据当地的气候、土壤等自然条件，选择适宜的农作物和养殖品种，发展特色种养业，提高产品的市场竞争力。通过加工、流通等环节，将初级农产品转化为高附加值的商品，如发展特色食品加工、乡村手工艺品制作等，提升产品价值。运用现代信息技术，如互联网、物联网等，建立农产品追溯体系，提高产品质量安全水平，同时通过网络平台拓展销售渠道。结合新媒体营销，利用社交媒体、直播等手段，提升品牌知名度和产品销量，同时采用农商直供、会员制等新型营销模式，降低交易成本。通过品牌建设，提升产品的市场识别度和附加值，如发展区域公用品牌、企业品牌和产品品牌，增强市场影响力。乡村企业需要吸引和培养具有创新精神和市场意识的人才，包括乡村企业家、技术人才和营销人才，以提升企业的管理和运营水平。政府和企业应共同努力，优化乡村创业环境，提供必要的政策支持和服务保障，激发乡村创新创业活力。结合乡村的自然风光和文化资源，发展乡村旅游和休闲农业，吸引城市居民到乡村体验自然和文化，带动乡村经济发展。注重生态环境保护，实现农业生产的可持续发展，如采用生态农业、有机农业等生产方式，保护乡村自然环境。

4. 政治法律环境

政治法律环境是指一个国家或地区的政治制度、体制、方针政策、法律法规等方面。这些因素对企业的经营行为，尤其是对长期投资行为有着重要的制约和影响。乡村企业应该从以下两个方面适应和利用好政治法律环境。

①遵守法律法规，确保合法经营。乡村企业应严格遵守国家的各项法律法规，如《中华人民共和国农业法》《中华人民共和国土地管理法》《中华人民共和国农民专业

合作社法》等，确保企业的经营活动合法合规。同时，企业应积极响应国家政策，如《全国乡村产业发展规划（2020—2025年）》中提出的创新驱动策略，利用现代科技改造提升传统产业，创新机制和业态模式，增强乡村产业发展活力。通过依法经营，乡村企业可以减少法律风险，通过创新发展，可以提升竞争力和市场份额。

②利用政策支持，促进企业发展。乡村企业应充分利用国家和地方政府提供的政策支持和法律保障，如税收优惠、财政补贴、金融支持等，以降低运营成本，提高经济效益。例如，根据《中华人民共和国乡村振兴促进法》，国家实施以我为主、立足国内、确保产能、适度进口、科技支撑的粮食安全战略，坚持藏粮于地、藏粮于技，采取措施不断提高粮食综合生产能力。乡村企业可以通过参与乡村振兴战略，获得政策和法律的支持，同时在推动乡村发展中实现自身的可持续发展。

5. 社会文化环境

社会文化环境是企业营销活动中极为关键的外部因素，是指企业所处的社会结构、社会风俗和习惯、信仰和价值观念、行为规范、生活方式、文化传统、人口规模与地理分布等因素的形成和变动。这些因素构成了消费者消费观念、需求欲望、购买行为和生活方式的基础，并对企业营销策略产生深远影响。企业必须考虑社会阶层、家庭结构、风俗、宗教、价值观、消费习惯和审美等社会文化因素，因为它们虽不显而易见，却能显著影响市场反应。忽视这些因素可能导致营销策略失效，甚至失败。因此，企业应深入了解并适应目标市场的文化特性，以制订有效的营销计划。

乡村企业适应和利用社会文化环境的具体举措。

①挖掘地方文化特色：深入挖掘本地文化资源，如手工艺、民俗等，融入产品设计，提升文化价值，并通过创意设计服务提升经济附加值。

②品牌建设与市场营销：构建具有地方特色的品牌，结合互联网和电商平台进行市场拓展，提高产品知名度和销售量，同时利用音乐、美术等产业推动文化传播。

③发展特色农业与乡村旅游：依托自然资源和文化资源，开发特色农业和乡村旅游，吸引游客体验，促进经济发展，并通过手工艺赋能，推动传统工艺的创新性发展。

④加强基础设施建设：完善交通、仓储和物流设施，支持农产品市场营销，延长销售周期，提高竞争力，同时推动数字文化赋能，利用数字技术传播乡村文化。

⑤政府支持与政策引导：政府提供税收优惠、资金扶持等政策支持，鼓励乡村企业创新发展，推动文化产业赋能乡村振兴。

6. 科技环境

市场营销的科技环境是指企业在进行市场营销活动时所面临的科技背景和条件，包括科技发展水平、科技创新能力、科技政策支持、科技基础设施等。在乡村企业中，适应和利用科技环境对提升竞争力和实现可持续发展至关重要。

乡村企业可从以下五个方面适应和利用科技环境。

①科技创新与数字化转型：积极采用新技术，如智能农业设备、大数据分析、云计算等，以提高农业生产效率和产品质量，并利用数字技术改造传统农业，发展智慧农业。

②电子商务与直播带货：利用电商平台和直播技术拓展销售渠道，直接与消费者互动，提高农产品的市场知名度和销售量，通过直播助农，推广乡村振兴的电商新模式。

③基础设施与信息化管理：加强乡村地区的网络基础设施建设，提高互联网普及率和网络速度，引入信息化管理系统，提高企业的管理效率和决策质量。

④人才培养与科技合作：加强农民的科技培训，提高他们的数字技能和互联网应用能力，同时吸引科技人才到乡村企业工作，与科研机构和高校合作，共同开发新技术。

⑤绿色科技与知识产权保护：注重绿色科技的研发和应用，实现农业生产的可持续发展，同时加强知识产权意识，保护企业的技术和产品创新。

任务二 市场竞争战略

市场竞争战略是指企业或组织在市场环境中为了获得竞争优势、增加市场份额、提高盈利能力而采取的一系列计划和行动。这些战略通常涉及对市场环境的分析、对竞争对手的评估、对企业自身资源和能力的了解，以及对市场机会的把握。市场竞争战略的主要目的是在激烈的市场竞争中找到差异化的定位，满足客户需求，同时构建和维持企业的竞争优势。企业可以采取三种基本的竞争战略以获得竞争优势，分别是总成本领先战略、差异化战略和集中战略。

一、总成本领先战略

总成本领先战略亦称为低成本战略，是企业通过有效途径降低总成本以建立一种不败的竞争优势的方法。这种战略要求企业努力取得规模经济，以经验曲线为基础，严格控制生产成本和间接费用，使企业的产品总成本降低到最低水平。总成本领先战略包括简化产品型、改进设计型、材料节约型、人工费用降低型和生产创新及自动化型成本领先战略。

（一）总成本领先战略应具备的重要条件

企业实施总成本领先战略应具备规模经济、成本控制能力、生产效率和资本获取能力等条件。规模经济企业需要具备或能够实现大规模生产的能力，以分摊固定成本，降低单位成本。成本控制能力要求企业具备强大的成本控制机制，能够持续地识别和削减不必要的成本。生产效率表明高效的生产流程和操作是降低成本的关键，可利用先进的技术和创新来提高生产效率和降低成本包括精益生产和自动化。通过有效的供应链管理降低原材料和物流成本。强大的资本获取能力能获取足够的资本以支持生产规模的扩大和成本领先战略的实施等。

这些条件不是孤立的，它们相互关联并共同作用于企业的成本结构和市场竞争力，企业需要根据自身的资源和能力，以及市场的需求和特点，综合考虑这些条件，制定和实施总成本领先战略。

（二）总成本领先战略的适用条件

当存在以下情况时，企业有必要考虑实施总成本领先战略。

①高度竞争的市场环境：市场上存在激烈的价格竞争，消费者对价格较为敏感。

②产品同质性：行业内产品或服务具有较高的标准化程度，差异化程度较低。

③规模经济潜力：企业有能力通过扩大生产规模来分摊固定成本，降低单位成本。

④有效的成本控制机制：企业需要有一套成熟的成本控制体系，以持续优化成本结构。

⑤先进的生产技术和工艺：通过技术创新和工艺改进来提高生产效率，降低生产成本。

⑥优化的供应链管理：通过供应链整合和物流优化来减少原材料和分销成本。

⑦资本充足：企业需要有足够的资本来支持其扩张计划和成本领先战略的实施。

⑧市场领导地位：企业在市场中占据领导地位，有能力影响市场价格和行业标准。

⑨组织结构和文化支持：企业文化和组织结构应支持成本效益和效率优先的原则。

⑩强大的市场调研能力：了解市场趋势和消费者需求，以便更好地定位产品和服务。

⑪风险管理：能够评估和应对与成本领先战略相关的风险，如价格战、市场变化等。

（三）乡村企业如何实施总成本领先战略

乡村企业可以根据自身情况和市场环境，选择适合的措施进行成本控制和优化，一般可以从以下方面入手实施成本领先战略。

①提高生产效率与技术创新。如采用现代化农业技术和智能灌溉系统；实施精准农业和自动化、机械化生产；改进生产工艺和提高加工效率；利用节能技术和设备优化能源管理；持续对生产流程进行改进和创新。

②成本控制与财务管理。优化供应链管理，减少中间环节；加强财务管理，提高资金使用效率；实施精益管理，消除生产浪费；建立长期供应合同，降低原材料成本；

采用灵活的定价策略,根据市场情况调整。

③市场与产品策略。依据市场需求进行生产,优化产品组合;加强品牌建设和市场适应性;发展电子商务,减少销售成本;培养企业文化,鼓励员工提出降低成本的方法。

④资源整合与政策利用。利用地方优势和政策支持,获取资金、技术资源;与地方政府、高校、研究机构建立合作;参与农业保险计划,减少自然灾害风险;利用数字经济和互联网技术提升管理效率。

⑤人才培养与社区参与。加强乡村人才的培养和吸引,提高科技应用能力;培训员工,提高技能和效率;鼓励社区参与,利用社区资源和劳动力;建立合作社或行业协会,实现资源共享。

二、差异化战略

差异化战略是指企业通过提供与竞争对手不同的产品或服务,以吸引特定的顾客群体,从而在市场上获得竞争优势。这种战略的核心是创造独特的价值主张,使企业的产品或服务在顾客心中具有不可替代的地位。

(一)实施差异化战略应具备的条件

具备持续的产品或服务创新能力;在行业中保持技术领先地位;确保产品或服务的高标准;灵活的组织结构和高效的运营流程;能评估和管理差异化战略相关的风险;深入了解目标市场和顾客需求;明确的目标市场和清晰的市场定位;建立强大的品牌形象;通过高质量的产品和服务建立顾客忠诚;积极收集和响应顾客反馈以改进产品或服务;通过专利、商标等保护差异化优势;考虑不同市场和文化的差异;利用数字技术提供独特的顾客体验。

(二)差异化战略的种类

差异化战略包括通过产品的独特性、质量、设计或特性来吸引消费者;提供超出标准或竞争对手的服务水平,如客户服务、售后支持等;利用先进的技术来提供更高效或更创新的产品,即建立一个独特的品牌形象,使消费者能够将你的品牌与竞争对手区分开来;针对特定的市场细分,提供符合其特定需求的产品或服务。

(三)差异化战略的适用条件

当市场上的消费者需求表现出明显的差异性时,企业可以通过差异化战略来满足这些不同的需求。在技术发展迅速的行业中,企业可以通过不断创新来实现产品或服务的持续差异化。如果企业已经建立了强大的品牌影响力,差异化战略可以进一步巩固品牌形象并吸引忠实客户。在竞争对手难以模仿企业的独特产品或服务特征的情况下,差异化战略可以维持较长时间的竞争优势。拥有强大的研发能力,能够不断创新和改进产品，是实施差异化战略的重要基础。具备有效的市场营销能力，能够将产品的独特卖点有效传达给目标消费者。顾客愿意为产品或服务的独特性支付溢价，认可企业提供的差异性具有价值。在行业进入壁垒较低的情况下，差异化战略可以帮助企业建立竞争优势，防止新进入者轻易抢占市场份额。企业的产品或服务能够在性能、质量、创新等方面提供独特的价值，与竞争对手区分开来。在消费者对品牌忠诚度较高的市场中，差异化战略可以通过增强品牌认同感来维持和提升市场份额。企业拥有实施差异化战略所需的资源和能力，包括技术、人才、资金等市场细分明显，可以针对特定细分市场提供定制化的差异化产品或服务。

（四）乡村企业如何实施差异化战略

利用当地特色资源，乡村企业应充分利用当地自然资源和文化特色，发展具有地域特色的产品或服务，如特色农产品、手工艺品、乡村旅游等。注重品质和质量，加强质量控制，确保产品和服务的品质，通过提升产品的品质规模化和产业竞争力来增强市场竞争力。创新产品和服务，不断创新，开发新技术、新产品和新服务，满足市场和消费者的多元化需求。加强品牌建设：建立和提升品牌形象，通过品牌化战略提高产品的市场认知度和影响力。采用现代信息技术，利用互联网、大数据等现代信息技术，提高生产经营效率，拓展销售渠道。培养专业人才，加强人才培养，提升企业员工的技术水平和创新能力，增强企业的核心竞争力。

三、集中战略

集中战略，也被称为集中市场战略或集中定位战略，是一种商业战略，企业通过这种战略专注于特定的市场细分、产品线或服务领域。这种战略的核心思想是在一个较小的、定义明确的市场领域内提供专业化的产品或服务，以实现更高的市场渗透率和竞争优势。

（一）实施集中战略应具备的条件

选择具有特殊需求或特征的细分市场，这些需求未被广泛市场满足；集中有限资源，避免市场细分中的过度分散；在选定的细分市场中拥有难以模仿的竞争优势；目标市场应具有足够的容量、成长性和盈利潜力；避开与强大竞争对手的正面交锋；对市场变化保持敏感，能够快速调整战略以应对潜在风险。

（二）集中战略的适用条件

存在具有特定需求的细分市场，这些需求与大众市场不同；企业资源有限，更适合专注于特定领域而非广泛竞争；在目标细分市场中，没有其他企业实施类似的集中战略；细分市场具有一定壁垒，能够抵御新进入者和替代品的威胁；企业在特定领域拥有专业知识或技术，能够提供差异化的产品或服务；目标市场的需求相对稳定，不易受快速变化影响；细分市场具有增长潜力，能够支持企业的长期发展。

（三）乡村企业如何实施集中战略

依托当地自然资源和文化，开发特色产品；确保产品质量，通过标准化生产提高竞争力；打造和推广品牌，利用地理标志和文化传承增强品牌影响力；运用现代科技，如电商，拓宽市场渠道；产业融合，整合一二三产业，延伸产业链，提升附加值；紧跟政策导向，紧贴市场需求，实现精准营销等。

请扫码答题

项目三　消费者市场购买行为

案例先导

土豆的逆袭之路

位于河北省西北部的康保县，尽管拥有优越的地理环境，却长期面临农产品销售不佳的困境，始终被贴上国家级贫困县的标签。朱旭东亲自前往康保县，深入乡村田间和农户进行考察。在这次调研中，他发现这里的土豆因高纬度和多日照的生长环境而格外香甜，甚至连肯德基和麦当劳等跨国快餐企业都来采购其作为炸薯条的原材料。然而，康保土豆仅作为食品加工原材料出售，售价低廉，无法帮助农户致富。

回到上海后，朱旭东带领团队为康保土豆制订了一套全新的营销方案。经过多次头脑风暴，他们首先帮助康保县土豆注册了"润土"商标，并申请了网上销售所需的二维码。同时，他们还设计了首批环保包装，并在移动互联网社交媒体上进行投放。每盒49.9元，内含5颗土豆。在朱旭东看来，这不再是简单的农产品，而是一个充满创意的体验：打开包装盒，消费者会看到满满一盒康保的泥土，还附送一把色彩鲜艳的小铁铲。购买者需要用小铲子将5颗土豆从泥土中一颗颗挖出，这个过程不仅有趣，还让城里人感受到收获的乐趣。朱旭东还为这批盒装土豆撰写了营销口号："土好，土豆才好！"

首批5 000盒"润土"土豆上线后迅速被"秒杀"。消费者愿意为每颗近10元的"神秘"土豆买单，这不仅因为价格合理，更因为它所带来的独特体验和附加价值。这种时尚体验让消费者在家中就能感受到收获的喜悦，从而促进了土豆的销售，大幅提升了康保县当地居民的收入，同时也提高了"润土"品牌的知名度、美誉度和附加值。

【案例启示】首先，"润土"土豆精准把握了消费者向往自然、回归本真的心理需求。在现代快节奏的都市生活中，人们渴望亲近自然，感受田园之乐。这种带泥包装的土豆让消费者在家中就能体验收获的喜悦，满足了他们对自然的向往。其次，"润土"土豆注重产品的附加价值。除了土豆本身，铲子、食用调料和产品说明书等附加物品，为消费者提供了更加丰富的体验，让消费者觉得物有所值。最后，"润土"土豆还巧妙利用社交媒体进行传播。消费者将挖土取土豆的过程拍成视频分享到朋友圈，形成了病毒式传播，扩大了产品的知名度和影响力。

（来源：上海文汇报，引入时有删改）

任务一　影响消费者行为的因素

一、消费者购买行为模式

为了更好地研究消费者的购买行为，专家们建立了一个"刺激－反应"模式，旨在阐明外部营销环境刺激与消费者反应之间的关系。该模型表明，市场营销因素和市场环境因素的刺激会进入消费者的意识，购买者根据自身特性对这些信息进行处理，经过一定的决策过程，最终导致购买行为的发生（图3-1）。

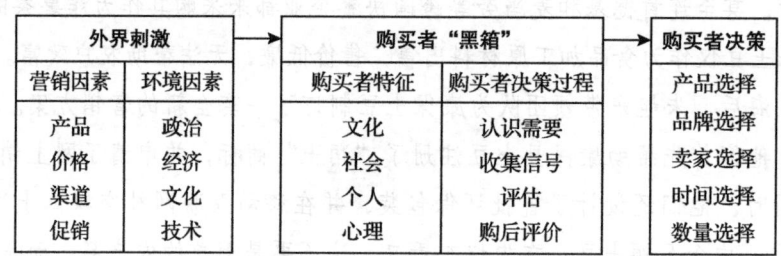

图3-1　刺激－反应模式

1. 模型解析

在这个模型中，消费者被视为一个"黑箱"。左侧的外部刺激因素包括主要的宏观环境因素（如经济、文化等）和市场营销因素（如产品、价格、渠道、促销等）。这些刺激进入购买者的"黑箱"，随后产生购买行为的反应，例如产品选择、品牌选择和卖主选择等。购买者的"黑箱"由2个主要部分组成。

（1）购买者特性。这一部分主要影响购买者对外部刺激的反应方式。不同的消费者在面对相同的市场刺激时，可能会因为个人特质的差异而做出不同的反应。

（2）购买者决策过程。这一部分会影响购买者的最终决策。消费者在做出购买决策时，会经历需求识别、信息搜索、方案评估、购买决策和购后行为等几个阶段。

2. 意义

（1）优化营销策略。通过分析消费者的购买行为，乡村企业可以更有效地制定和调整营销策略，以满足消费者的需求，提升销售业绩。

（2）精准市场定位。深入了解消费者的社会、文化和心理特征，有助于乡村企业在市场中找到合适的定位，增强市场竞争力。

（3）提升客户满意度。通过对消费者行为的分析，乡村企业能够更好地满足客户期望，提升客户满意度，从而促进客户的重复购买和口碑传播。

（4）应对市场变化。在快速变化的市场环境中，了解消费者行为的动态变化，可以帮助乡村企业及时调整策略，抓住市场机遇。

因此，掌握消费者购买行为模式及其影响因素，是乡村CEO学员在实际经营中提升市场竞争力、实现可持续发展的关键。

二、文化因素

文化因素在消费者购买行为中起着至关重要的作用，主要包括文化和亚文化两个方面。

1. 文化

文化是指人类在生活实践中形成的价值观念、道德标准、理想信念以及其他有意义的象征的综合体。每个人都在特定的社会文化环境中成长，通过家庭、学校和其他社会机构的影响，学习并形成了基本的文化观念。

文化是影响人类欲望和行为的基本因素，对消费者的购买行为有着深远而广泛的影响。文化差异会导致消费行为的不同，主要体现在以下几个方面。

（1）婚丧习俗。不同文化对婚礼和葬礼的习俗和仪式有不同的要求，这会影响相关产品的需求，如婚纱、寿衣等。

（2）服饰。不同文化背景下的服装风格和穿着习惯各异，影响消费者的服装选择。

（3）饮食习惯。文化决定了人们的饮食偏好和禁忌。例如，某些文化中可能不吃猪肉或牛肉。

（4）节日和礼仪。文化背景决定了人们在节日和重要场合的庆祝方式和礼物选择。中国传统文化强调仁爱、信义、礼貌、智慧、诚实、忠孝等价值观，这些价值观在消费者的购买决策中扮演着重要角色。

2. 亚文化

在每一种文化中，往往还存在许多具有文化同一性的群体。这些群体被称为亚文化群。亚文化群体的存在使得消费者的购买行为更加多样化，主要包括以下几种类型。

（1）民族亚文化群。每个国家都包含不同的民族，各民族在漫长的历史发展中形成了独特的风俗习惯和文化传统。例如，中国的少数民族如维吾尔族、藏族等，可能在饮食、服饰和节庆活动上与汉族有显著不同。

（2）宗教亚文化群。不同宗教有各自的教规和戒律，影响信徒的消费行为。例如，穆斯林在饮食上遵循清真原则，这影响了他们对食品的选择。

（3）种族亚文化群。不同种族在生活习惯和文化传统上存在差异。例如，在美国，黑人和白人在衣物、个人用品和食品的购买上可能有不同的偏好。黑人消费者更注重品牌和质量，展现出较强的品牌忠诚度。

（4）地理亚文化群。不同地理位置的国家和地区有各自的文化和生活习惯。例如，在中国，南方和北方的饮食习惯、服饰风格和节庆活动都有明显差异。

三、社会因素

社会因素是影响消费者购买行为的另一个重要方面，主要包括社会阶层、相关群体和家庭等。

1. 社会阶层

社会阶层是社会学家根据职业、收入来源、教育水平、价值观和居住区域对人们进行的一种社会分类，是按层次排列的、具有同质性和持久性的社会群体。社会阶层具有以下几个特点。

①同一阶层的成员具有类似的价值观、兴趣和行为，在消费行为上相互影响并趋于一致。

②人们以自己所处的社会阶层来判断各自在社会中占有的地位高低。

③一个人的社会阶层归属不仅仅由某一变量决定，而是受到职业、收入、教育、价值观和居住区域等多种因素的制约。

④人们能够在一生中改变自己的社会阶层归属，既可以迈向高阶层，也可以跌至低阶层，这种升降变化的程度随着所处社会的社会层次森严程度的不同而不同。

2. 相关群体

相关群体指能够影响消费者购买行为的个人或集体。换言之，只要某一群人在消费行为上存在相互影响，就构成一个相关群体，不论他们是否相识或有无组织。某种相关群体内有影响力的人物称为"意见领袖"或"意见领导者"，他们的行为会引起群体内追随者、崇拜者的仿效。

按照对消费者的影响强度分类，相关群体可分为基本群体、次要群体和其他群体。

①基本群体，如家庭成员、亲朋好友、邻居和同事等，关系密切，经常互动，影响最强。

②次要群体，如宗教团体、专业协会等，较为正式但日常接触较少，影响次于基本群体。

③其他群体，如文艺明星、体育明星和网红主播等，影响面广但对个人影响弱于前两类。

相关群体对消费行为的影响主要体现在示范性、仿效性和一致性三方面。相关群体对购买行为的影响程度视产品类别而定。据研究，相关群体对汽车、摩托、服装、香烟、啤酒、食品和药品等产品的购买行为影响较大，对家具、冰箱、杂志等影响较弱，对洗衣粉、收音机等几乎没有影响。

3. 家庭

家庭是社会组织的一个基本单位，也是消费者的首要参照群体之一，对消费者购买行为有着重要影响。一个人在其一生中一般要经历两个家庭。

①原有家庭：父母的家庭，在此成长，影响较为间接。

②现有家庭：自己组建的家庭，影响较为直接。

家庭购买决策类型包括：一人独自做主、全家参与一人做主、全家共同决定。这里的"全家"，虽然包括子女，但主要还是夫妻二人。夫妻二人购买决策权的大小取决于多种因素，如各地的生活习惯、妇女就业状况、双方工资及教育水平、家庭内部的劳动分工以及产品种类等。孩子在家庭购买决策中的影响力也不容忽视，尤其是中国的独生子女在家庭中受重视的程度越来越高，随着孩子的成长、知识的增加和经济上的独立，他们在家庭购买决策中的权力逐渐加大。

4. 身份和地位

每个人的一生会参加许多群体，如家庭、公司、俱乐部及各类组织。一个人在群体中的位置可用身份和地位来确定。身份是周围的人对一个人的要求或一个人在各种不同场合应起的作用。比如，某人在女儿面前是父亲，在妻子面前是丈夫，在公司是经理。每种身份都伴随着一种地位，反映了社会对他的总体评价。消费者做出购买选择时往往会考虑自己的身份和地位，企业把自己的产品或品牌变成某种身份或地位的标志或象征，将会吸引特定目标市场的顾客。当然，人们以何种产品或品牌来表明身份和地位会因社会阶层和地理区域的不同而不同。

四、个人因素

个人因素是指消费者的经济条件、生理特征、个性特点和生活方式等对购买行为的影响。这些因素在很大程度上决定了消费者的购买决策和偏好。

1. 经济因素

经济因素包括消费者的可支配收入、储蓄、资产和借贷能力。它是影响购买行为的首要因素，直接决定了消费者的购买能力和购买规模。例如，中等收入家庭可能会选择购买经济型汽车，而低收入家庭则只能购买基本生活必需品以维持生计。

不同国家的消费者在储蓄和消费倾向上存在显著差异。例如，日本消费者的储蓄倾向强，储蓄率高达18%，这使得日本银行能够以较低的利率向企业提供贷款，促进了企业的发展。而美国消费者则倾向于高消费，债务收入比率较高，贷款利率也相对较高。

乡村企业在制定价格策略时，应密切关注当地居民的收入变化和消费能力，特别是对价格敏感型产品的定价。

2. 生理因素

生理因素包括年龄、性别、体型（如高矮胖瘦）、健康状况和嗜好等。这些生理特征会影响消费者对产品款式、构造和功能的需求。例如，儿童和老人的服装需要设计得宽松、易穿脱，以适应他们的生理特点；身材高大的人可能需要特大号的鞋子。不同地区的消费者在饮食偏好上存在差异。例如，江浙地区的人们偏爱甜食，而四川地区的人们则更喜欢麻辣口味。

3. 个性

个性是指一个人的心理特征，影响其对环境的反应和消费行为。个性特征可以分为多种类型，如外向与内向、细腻与粗犷、谨慎与急躁等。个性影响消费者的需求和对市场营销因素的反应。例如，外向型消费者可能更喜欢穿着鲜艳、时尚的衣物，而内向型消费者则更倾向于选择深色、庄重的服装；追随性或依赖性强的消费者对广告宣传的敏感度高，容易建立品牌信任，而独立性强的消费者则对广告不太信任，更倾向于自主选择。

4. 生活方式

生活方式指一个人在生活中表现出来的活动、兴趣和看法的模式。不同的生活方式群体对产品和品牌有不同的需求。营销人员应设法从多种角度区分不同生活方式的群体。例如，节俭型消费者可能对高档消费品不感兴趣，而奢华型消费者则更愿意为品牌和品质支付高价。家用电器的早期购买者通常具有较强的自信心和自主意识，而环保产品则更受社会意识强的消费者欢迎。保龄球馆不会向节俭者群体推广保龄球运动，名贵手表制造商应研究高成就者群体的特点以及如何开展有效的营销活动。

五、心理因素

消费者的购买行为受到动机、知觉、学习以及信念和态度等主要心理因素的影响。

1. 动机

动机是一种升华到足够强度的需要，它能够及时引导人们去探求满足需要的目标。美国心理学家马斯洛提出了需要层次论，将人类的需要分为生理需要、安全需要、社交需要、尊重需要和自我实现需要。一般而言，人类的需要由低层次向高层次发展，低层次需要满足以后才追求高层次的满足。

在乡村市场中，一个刚刚脱贫的农民首先会满足温饱和安全需要，如购买基本生活用品和改善住房条件。当这些基本需求得到满足后，他可能会追求社交需要，如参加村里的文化娱乐活动，或是尊重需要，如购买能彰显身份地位的高档消费品。

2. 知觉

知觉是指个人选择、组织并解释信息的过程，以创造一个有意义的外界事物的图像。知觉不仅取决于刺激物的特征，而且依赖于刺激物同周围环境的关系以及个人所处的状况。人们之所以对同一刺激物产生不同的知觉，是因为人们要经历知觉注意、选择性曲解和选择性记忆三个知觉过程。例如，一款新推出的有机食品可能会引起消费者的注意。但是，如果消费者对有机食品的价格较高或营养价值不足存在偏见，就可能会选择性地曲解这款产品的信息，从而不愿意购买。因此，企业需要通过精心设计的促销活动，来突破消费者的知觉壁垒。

3. 学习

学习是由于经验而引起的个体行为的改变。人们要行动就得学习。人类行为大多来源于学习。一个人的学习是通过驱使力、刺激物、诱因、反应和强化的相互影响而产生的。由于市场营销环境不断变化，新产品、新品牌不断涌现，消费者必须经过多方收集有关信息之后才能做出购买决策，这本身就是一个学习过程。例如，在乡村市场中，一个农民可能会通过观察周围人的购买行为，学习到一些新的消费习惯。如果他发现种植有机蔬菜能获得较高的收益，就可能会通过学习而改变种植方式。企业可以通过反复提供强化诱发购买的提示物，使消费者感到满意，从而强化积极的反应。

4. 信念和态度

通过行为和学习，人们获得了自己的信念和态度，而信念和态度又反过来影响人们的购买行为。信念是一个人对某些事物持有的描述性思想，态度是一个人对某些事物或观念长期持有的好与坏的认识上的评价、情感上的感受和行动倾向。生产者应关注人们头脑中对其产品或服务所持有的信念，即本企业产品和品牌的形象。

在乡村市场中，如果消费者对某个品牌的农产品存在负面信念，如认为价格过高或质量不佳，就可能会影响购买行为。企业需要通过促销活动来纠正这些错误信念。同时，如果一个农民长期持有种植有机蔬菜的积极态度，就可能会一直坚持这种做法，并影响周围人的行为。

综上所述，消费者的购买行为是文化、社会、个人和心理因素之间相互影响和作用的结果。其中很多因素是市场营销者无法改变的，但这些因素在识别那些对产品有兴趣的购买者方面颇有用处。其他因素则受到市场营销者的影响，市场营销者借助有效产品、价格、渠道和促销管理，可以诱发消费者的强烈反应。

任务二　消费者购买决策过程

消费者的购买决策过程是由一系列相互关联的活动组成的，这些活动在实际购买之前就已经开始，并且会持续到购买之后。研究这一过程的各个阶段，旨在帮助营销人员针对不同阶段的主要问题，采取相应的促销策略。

购买决策过程通常可以分为以下五个连续的阶段（图3-2）。需要注意的是，只有在复杂型购买中，消费者才会经历这五个完整的阶段。在其他类型的购买中，消费者可能会省略某些阶段，或者调整它们的顺序。

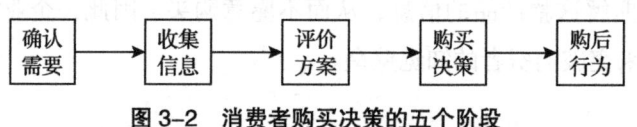

图3-2　消费者购买决策的五个阶段

一、确认需要

当消费者意识到自己有某种需求，并准备购买商品以满足这一需求时，购买决策过程便开始了。需求的产生可能受到内部和外部刺激的影响。企业需要深入了解消费者的具体需求、产生这些需求的原因以及需求的紧迫程度，从而引导消费者的购买动机。通过分析这些因素，企业可以制定有效的市场营销策略，激发消费者的需求并促进购买行为。

二、收集信息

一旦消费者形成了购买某种商品的动机，他们通常会开始收集相关信息，尤其是在对该商品不熟悉的情况下。在这一阶段，消费者会更加关注广告、朋友的谈话等信息来源，并可能通过查阅资料、向亲友询问等方式积极获取信息。信息收集的程度取决于消费者的动机强度、已知信息的数量和质量，以及获取信息的难易程度。消费者通常从以下四种主要来源获取信息。

①个人来源，即从家庭、朋友、邻居和其他熟人处得到信息。

②商业性来源，即从广告、售货员介绍、商品展览与陈列、商品包装、商品说明书等渠道得到信息。

③公众来源，即从报刊、电视等大众宣传媒介的客观报道和消费者团体的评论中得到信息。

④经验来源，即通过触摸、试验和使用商品得到信息。

从消费者的角度看，由企业控制的商业性来源信息起通知的作用；其他非商业性来源信息起验证和评价的作用。经过信息收集阶段，消费者逐步缩小了对将要购买的商品进行品牌选择的范围。余下的可供选择的品牌，就是消费者在下个阶段评价的对象。

三、评价方案

消费者对产品的判断大都是建立在自觉和理性基础之上的。消费者的评价行为一般要涉及以下几个问题。

（1）产品属性，即产品能够满足消费者需要的特性。例如计算机的存储能力、图像显示能力、软件的适用性等，手表的准确性、式样、耐用性等，都是消费者感兴趣的产品属性。但消费者不一定将产品的所有属性都视为同等重要。市场营销人员应分析本企业产品应具备哪些属性，以及不同类型的消费者分别对哪些属性感兴趣，以便进行市场细分，为不同需求的消费者提供具有不同属性的产品。

（2）属性权重，即消费者对产品有关属性所赋予的不同的重要性权属。消费者被问及如何考虑某一产品属性时立刻想到的属性，叫作产品的特色属性。但特色属性不一定是最重要的属性。在特色属性中，有些可能被消费者遗忘，而一旦被提及，消费者就会认识到它的重要性。市场营销人员应更多地关心属性权重，而不是属性特色。

（3）品牌信念，即消费者对某品牌优劣程度的总的看法。由于消费者个人经验、选择性注意、选择性曲解以及选择性记忆的影响，其品牌信念可能与产品的真实属性并不一致。

（4）效用函数，即描述消费者所期望的产品满足感随产品属性的不同而有所变化的函数关系。它与品牌信念的联系是：品牌信念是指消费者对某品牌的某一属性已达到何种水平的评价，而效用函数则表明消费者要求该属性达到何种水平他才会接受。

（5）评价模型，即消费者对不同品牌进行评价和选择的程序和方法。

四、购买决策

经过对供选择品牌的评价，消费者形成了对某种品牌的偏好和购买意向。但是，受以下三个因素的影响，消费者不一定能实现或立即实现其购买意向。

（1）其他人的态度。如果与消费者关系很密切的人坚决反对购买，消费者就很可能改变购买意向。

（2）一些不可预料的情况。如果出现家庭收入减少，急需在某方面用钱或得知准备购买的品牌有令人失望的情况，消费者也可能改变购买意向。

（3）预期风险的大小。在所购商品比较复杂、价格昂贵因而预期风险较大的情况下，消费者可能采取一些避免或减少风险的习惯做法，包括暂不实现甚至改变购买意向。

因此，根据消费者对品牌的偏好和购买意向来推测购买决定并不十分可靠。决定了购买意向的消费者往往还要做出以下一些具体的购买决策：购买哪种品牌、在哪家商店购买、购买量、购买时间，在某些情况下还要决定支付方式。

五、购后行为

消费者购买商品后，往往会通过使用和他人的评判，对其购买选择进行检验，把他所觉察的产品实际性能与以前对产品的期望进行比较。若发现产品性能与期望大体相符，消费者就会感到基本满意；若发现产品性能超出了期望，就会感到非常满意；反之就会感到失望和不满。消费者是否满意，会直接影响他购买后的行为。如果感到满意，他下次就很可能购买同一品牌的产品，并常对其他人称赞这种产品，而这种称赞往往比广告宣传更有效。如果感到不满，他除了可能要求退货或寻找能证实产品优点的信息来减少心理不平衡以外，还常常采取公开投诉或私下的行动发泄不满，如向生产或经营企业、新闻单位和消费者团体反映意见，向家人、亲人和熟人抱怨，劝说他们不要购买该种产品，甚至不要购买该企业的其他产品。这势必会影响企业为使顾客满意所做的许多工作，并影响企业的整体形象和市场销售。

企业应采取各种措施，尽可能使顾客购买后感到满意。产品宣传实事求是并适当留有余地是途径之一。另外，企业还应该经常征求顾客意见，加强售后服务，同购买者保持联系，为他们发泄不满提供适当的渠道，以便迅速采取补救措施。

请扫码答题

项目四　市场调研与市场细分

案例先导

土得掉渣的稻谷卖大钱

江苏新沂农民黄建原本只是一位普通的农民,但他凭借着敏锐的市场洞察力和大胆的创新精神,成功地将土得掉渣的稻谷转化为畅销世界各地的独特产品。他的做法是将大米、高粱、玉米和绿豆按比例分层装进玻璃瓶,再加入防腐的白油,封口包装,由此诞生了在城里年轻人中广受欢迎的五彩瓶。

一把普通的米价值有限,一个玻璃瓶单独来看也价格不高,但两者结合后,价格却能翻十多倍,卖到30元。这背后的原因在于,这个五彩瓶不仅是一个普通的农产品容器,它更是别具一格的家居装饰品,同时还蕴含着美好的寓意,象征着满满的丰收和对多彩生活的期许。为了满足客户的不同需求,黄建还定制了五角星、高跟鞋、铁塔等多种装瓶的造型。这些如今都成了大城市饭店、宾馆和家庭的装饰。凭借着独特的产品,黄建的加工厂年销售收入超过6 000万元,其中出口占了八成,产品卖到了20多个国家和地区。

(来源:央广网,引入时有删改)

【案例启示】在农产品销售的广阔领域中,我们可以清晰地看到市场细分的重要性。黄建通过深入的市场调研,准确地把握了城里年轻人这一特定消费群体的需求。他发现城里年轻人对个性化的家居装饰有着较高的需求,同时也渴望产品能蕴含美好的寓意。于是,他将农产品进行创新包装,满足了这一细分市场的独特需求。这启示我们在进行农产品销售时,要充分了解不同消费者群体的需求和偏好,通过精准的市场细分,找到适合自己产品的目标市场。只有这样,才能有针对性地制定营销策略,满足特定消费群体的需求,从而实现农产品的畅销和农民的增收。

任务一 市场调研及其步骤与方法

一、市场调研的类型

市场调研是指营销人员运用科学的方法，有目的、有计划地收集、整理和分析有关市场营销方面的信息，以了解市场发展的现状和趋势，为企业经营决策提供科学依据的活动。进行市场营销调研，有助于企业了解消费者的需求、竞争者的发展状况、市场的发展趋势等信息，从而制订正确的营销计划，在激烈的市场竞争中求得生存和发展。

市场调研经常遇到不同性质的问题，需要以不同的方法取得不同的资料。根据研究的问题、目的、性质和形式的不同，市场营销调研一般分为如下四种类型。

1. **探索性调研**

探索性调研又称非正式性调研，是指企业在情况不明、不知从何着手时，为了找出问题的症结，明确进一步调研的具体内容而进行的小规模调研。探索性调研的主要功能是帮助企业发现问题和市场机会。一般来说，进行探索性调研有两种方法：一是收集相关资料，进行经验分析；二是咨询业内熟悉情况的人士。

2. **描述性调研**

描述性调研是指企业经过周密计划，对市场信息进行系统地收集与汇总，并将客观事实或现象如实地描述出来，进而找出各种因素之间的内在联系。在实践中，大部分营销调研都属于描述性调研，如对企业的销售情况、广告效果、竞争者情况等的调研。

3. **因果性调研**

因果性调研是指在描述性调研的基础上，为了进一步找出问题的原因，对市场现象的因果关系进行调研，旨在说明市场上某个因素的变化是否会影响其他因素以及影响程度。它所要回答的问题是"为什么"，如游客为什么不满意。

4. **预测性调研**

预测性调研是指企业为了推断和测量市场未来的变化发展情况而进行的调研。通过预测性调研，企业可以分析未来一定时期内的市场变化趋势，从而抓住市场机会，制订有效的市场营销计划。

二、市场调研的步骤与方法

1. **市场营销调研的步骤**

市场营销调研要取得成功，能够及时、准确、经济地提供市场营销信息，必须遵守合理的调研程序。市场营销调研一般要经过五个步骤：确定调研问题、制订调研计划、收集相关信息资料、整理分析信息资料、形成调研报告。如图 4-1 所示。

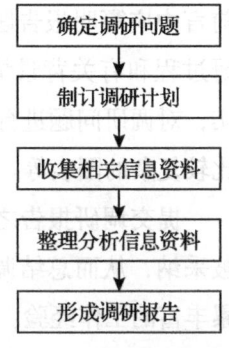

图 4-1 市场营销调研的五个步骤

（1）确定调研问题。市场营销调研的首要工作是明确本次调研所要解决的问题，确定调研的目标，即希望通过调研获取哪些信息、获取这些信息有何用处等。调研目标是全部调研活动的指南，它应该是可实现的，还应该清楚、具体，具有鲜明的针对性，这样调研活动才可能顺利进行。

（2）制订调研计划。明确调研问题和调研目标后，应根据调研目标制订合适的调研计划，以便于后续调研活动的进行。一般来说，市场营销调研计划应包括以下内容。

①摘要。要求用简短的文字描述调研的基本内容。

②调研目的。说明进行本次调研的背景、调研结果可能带来的实践作用或理论贡献。

③调研内容和范围。说明本次调研的主要内容，界定调研的对象和范围，明确所要获取的信息，并确定调研的问题及相关的理论假设。

④调研方法。说明将采用何种方法进行调研，可采用一种方法或多种方法结合。

⑤调研进度和经费预算。详细列出每一项活动所需的时间和对应的费用，最后列出总预算。

⑥附录。列出项目负责人和参与者的名单、每个人的专业特长和具体分工、抽样方案和问卷设计的相关说明等。

（3）收集相关信息资料。收集相关信息资料是对市场营销调研计划的具体实施，主要涉及两方面的内容：一是收集二手资料，如国家机关、行业机构、市场调研与信息咨询机构等发布的统计数据，科研机构撰写的研究报告、著作或论文，以及企业相关的内部资料；二是收集一手资料（又称原始资料），这是调研人员通过实地调查搜集到的资料，是进行市场研究的基础。一般来说，一手资料获取成本高，但实用性强，二手资料则相反。

（4）整理分析信息资料。通过调研收集到的信息资料一般比较杂乱，必须经过整理和分析后才具有使用价值。企业可运用统计方法和模型方法对收集的信息加以编辑、计算、加工、整理，最后用文字、图表、公式等方式将资料中潜在的各种关系及变化趋势表达出来。

（5）形成调研报告。市场营销调研人员结合分析资料，提出客观的调研结论，并采用调研报告的形式将调研结果呈送决策者。调研报告的内容包括前言、正文和附件。

前言中应写明报告题目、承办人、调研工作的起止日期,调研的目的、范围,简述调研过程和有关背景情况;正文中详细叙述调研和分析结果,列举调研中发现的重要事实,对调研问题进行分析,并提出解决问题的建议;附件包括一些重要的调研资料和比较复杂的图表等。

提交调研报告之后,市场调研人员还应该对调研报告进行追踪,了解其建议是否被采纳,从而总结调研工作的成效。这样既可以帮助企业决策者解决问题,又可以积累丰富的工作经验。

2. 市场调研的方法

常用的市场调研方法有访问法、观察法和实验法三种。

(1)访问法。访问法是指调研人员通过各种方式向被调查者发问或征求意见来收集市场信息的一种方法。它包括深度访谈、座谈会、问卷调查等方法,其中,问卷调查又包括电话访问、邮寄调查、入户访问、街头拦访等调查形式。采用访问法可以获得比较真实的一手资料,但是其调查范围有限,速度慢,而且成本越高。各行业中最常见的就是顾客满意度调研,通常采用问卷调查的形式。

(2)观察法。观察法是指调研人员在调研现场,直接或通过仪器观察、记录被调查者的行为和表情,以获取信息的一种调研方法。观察法一般是在被调查者不知晓的情况下进行的,所得资料比较客观,但是往往无法得知被调查者的动机、意向、态度等内在因素。"神秘顾客"调查法是营销领域中应用最广泛的一种观察法,在乡村旅游行业中通常用于饭店、度假村等组织的服务质量调研。

(3)实验法。实验法是指市场调研人员通过实际的、小规模的营销活动来调查关于某一产品或某项营销措施执行效果等市场信息的方法。其优点是科学性强,缺点是实验时间长、成本高。这种方法常用于调研消费者对新产品的接受程度。

上述三种调研方法各有优点,也有局限之处,在实际调研过程中究竟选择哪种方法,应根据调研问题和调研目标来确定,也可综合采用几种方法进行调研。

任务二 市场细分

一、市场细分的概念和作用

1. 市场细分的概念

营销活动的实践使人们发现了这样一个事实:无论哪一家企业都不能独自满足市场上的所有需求,而只能满足其中的一部分。成功经营不在于满足部分的大小,而取决于选择是否准确、恰当。由于市场需求的广泛性和复杂性,使得市场细分成了企业正确选择服务对象的前提。

所谓市场细分，就是从市场上各类需求的差异性出发，用一定的标准划分出不同的消费者群，并依此把一个整体市场分割为若干个子市场的过程。例如，以年龄作标准细分服装市场。

市场细分是市场营销实践的总结，这一概念最早于20世纪50年代中期由美国经济学家温德尔·斯密（Wendell R. Smith）提出，其形成大致经历了以下阶段。

（1）大量营销阶段（Mass Marketing）。在西方发达国家的工业化初期（19世纪末20世纪初），由于生产力水平低下，商品供不应求，卖方在市场中居于核心地位，"生产观念"支配着企业的行为，企业普遍采取的是单一产品策略，即面对所有顾客，大量生产、销售单一产品，以一种产品吸引广大消费者。如美国可口可乐公司曾长期只生产一种口味、一种容器包装的可乐，并试图使这种饮料成为男女老少人人喜爱的产品。大批量市场营销可大大降低生产成本和费用，便于产品制定较低的价格，从而创造最大的潜在市场，获得丰厚的利润。

（2）产品差异化营销阶段（Product Differentiated Marketing）。由于科学技术进步，实行科学管理以及大规模生产条件的应用，美国及其他西方国家的企业从20世纪20年代开始产品产量迅速提高，逐渐出现了"生产过剩"现象（1929—1933年爆发了严重的经济危机），市场竞争日趋激烈。供过于求，导致产品价格下跌，企业利润减少。因同一行业中各个企业生产的产品大体相似，差别很小，卖方想控制其产品价格是很难的。结果，许多企业陷入困境。针对这种情况，在销售观念的支配下，一些企业开始实行产品差异化市场营销，即生产经营规格型号、外观、质量、式样等不同的产品，以吸引更多的消费者。产品差异化营销较大量营销是一种进步，但是，由于企业仅考虑自己现有的设计、技术能力而未研究顾客需求，缺乏明确的目标市场，产品试销的成功率仍然很低。

（3）目标市场营销阶段（Target Marketing）。20世纪50年代后，西方发达国家科学技术飞速发展，生产水平大幅度提高，人们的生活水平明显改善，市场供求关系发生了质的变化：由原来传统的卖方市场变成了买方市场。面对新的形势，一些企业用"市场营销观念"取代了陈旧的"销售观念"，开始重视研究异质市场消费者的不同需求，实行目标市场营销，以增强企业的竞争能力，维持生存和发展，即在分清众多消费者需求间差别的基础上，将整体市场分割为若干个子市场，然后选择其中的一部分作为服务对象，进行市场定位，通过市场营销组合，来最大限度地适应和满足目标顾客的需要。

市场细分理论的产生，使传统营销思维方式发生了根本变革，在理论和实践上都产生了极大影响，被西方理论家称之为"市场营销革命"。20世纪70年代以来，由于世界能源危机，营销管理者看到过分细分市场会导致企业总成本上升过快从而减少总利润。因此，西方企业界又出现了一种"反市场细分"理论，主张从成本和收益的比较出发适度细分市场。这实际上是对过度市场细分的反思和纠正，使市场细分理论又有了新的内涵，得到了进一步完善。

2. 市场细分的作用

市场细分的作用，集中表现在以下几个方面。

（1）有利于发现市场机会。市场机会是市场上客观存在的未被满足的消费需求。通过市场细分，企业可以了解各种不同消费者的需求情况和满足程度，发现哪些需求没有得到满足，进而结合企业资源条件，开发出相应的产品，迅速占领这一市场。例如，20世纪60年代日本钟表业通过调查发现，美国手表市场有三个不同消费者群：23%的消费者对手表的要求是一般计时，价格低廉；46%的消费者要求计时基本准确、耐用，价格适用；31%的消费者要求手表名贵，计时准确，这类消费者购买手表往往用来作为贵重礼物赠送他人。美国的钟表厂商和瑞士手表商一向注目于第三类消费者，着重经营名牌手表。这样，第一类和第二类近70%的消费者的需求便得不到较好的满足。发现这个市场机会后，日本钟表厂商迅速打进这两个细分市场，尤其是日本精工电子表，由于款式新颖，售价便宜，并提供方便的免费保修，很快在美国手表市场上取得了较高的占有率。

市场细分对中小企业有特殊的意义。中小型企业资源薄弱，实力有限，在整体市场或较大的市场上往往难以与大企业竞争。但通过市场细分，可以找到大企业顾及不到或无力顾及的"空白市场"，然后"见缝插针""拾遗补缺"，集中力量去加以经营，就会变整体劣势为局部优势，同样可在激烈的市场竞争中占有一席之地。

（2）有利于掌握目标市场的特点。企业营销策略的选择、营销方法和手段的运用，都要依据目标市场的特点来决定，而目标市场的特殊性只有通过市场细分，才能充分暴露和揭示。

（3）有利于提高企业的竞争能力。无论企业大小都有优势和劣势。成功经营的关键，是充分发挥优势，有效避开劣势。市场细分为企业提供了这一可能。在市场细分的基础上，企业可根据自己的条件，选择最合适的目标市场，就能做到扬长避短，在竞争中赢得优势。

二、消费者市场细分的标准

市场细分标准，实际上是导致消费者需求出现异质性、多样化的因素。概括起来主要有以下几个方面，如表4-1所示。

表 4-1　消费者市场细分标准及变量

细分标准	细分变量
地理因素	国家、地区、城市规模、地形地貌、气候、交通状况、人口密度等
人口因素	年龄、婚姻、性别、职业、收入、民族、宗教、国籍、受教育程度、家庭人口、家庭生命周期等
心理因素	社会阶层、个性、价值观念、生活格调等
行为因素	购买时机，购买数量，购买频率，品牌忠诚度，对服务、价格、渠道、广告的敏感程度等

（1）地理因素，即按照消费者所处的地理位置、自然环境来细分市场。具体变量包括国家、地区、城市规模、不同地区的气候及人口密度等。处于不同地理位置的消费者，对同一类产品往往呈现出差别较大的需求特征，对企业营销组合的反应也存在较大的差别。例如，居住在高寒地带的人们对棉衣棉裤有强烈需求，而居住在炎热地带的人们对此则毫无需求。

（2）人口因素，即按照人口的有关变量来细分市场。具体包括年龄、婚姻、职业、性别、收入、受教育程度、家庭生命周期、国籍、民族、宗教、社会阶层等。例如，根据年龄不同，将服装市场分为老人服装市场、中青年服装市场、儿童服装市场等。

（3）心理因素，即按照消费者的心理特征细分市场。主要包括社会阶层、个性、价值观念、生活格调等变量。如国外的服装制造商根据生活格调标准将服务对象分为"简朴的妇女""时髦的妇女""有男子气的妇女"等类型，并依此设计出不同的服装。

（4）行为因素，即按照消费者的购买行为细分市场。主要有消费者进入市场的程度、使用频率、偏好程度等变量。如按照进入市场的程度，通常可将消费者划分为常规消费者、初次消费者和潜在消费者；按照使用频率，可将消费者划分为大量用户和少量用户；按照偏好程度，可将消费者划分为绝对品牌忠诚者、多品牌忠诚者、变换型品牌忠诚者和非品牌忠诚者。

三、市场细分的方法和程序

根据细分时采用因素的多少，市场细分方法可归纳为三类：单一因素法、综合因素法和系列因素法。

（1）单一因素法，就是只用一个因素细分市场的方法。例如，按家庭人口数量，把电饭锅市场分成三个部分（表 4-2）。

表 4-2　按家庭人口数量细分市场

子市场 I	子市场 II	子市场 III
1～2 口人	3～4 口人	5 口人以上

（2）综合因素法，即运用两个或两个以上因素进行市场细分。例如，根据消费者年龄、性别和收入，将服装市场分割成18个子市场（图4-2）。

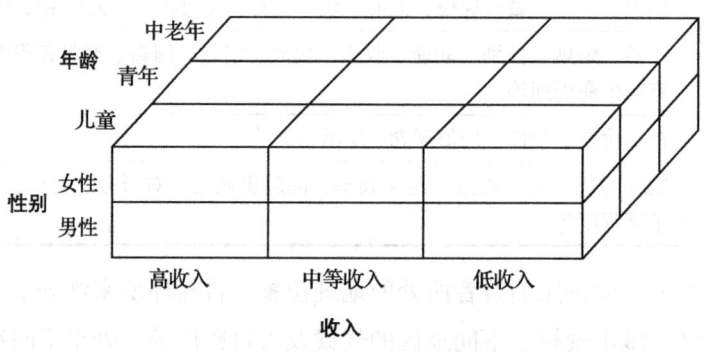

图4-2 综合因素细分市场

（3）系列因素法，也是运用两个或两个以上因素细分市场，但它与综合因素法不同的是，依据一定顺序，由粗到细，逐层展开，每下一步的细分，均在上一步选定的子市场中进行，细分过程，其实也就是比较、选择目标市场的过程（图4-3）。

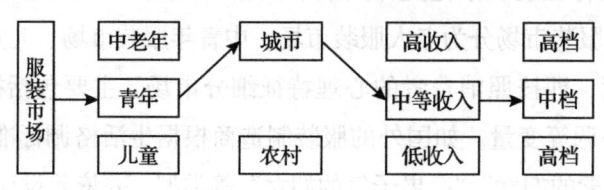

图4-3 系列因素细分市场

从理论上讲，细分市场时使用的因素越多，分得越细，越容易找到市场机会，当然，操作起来也越麻烦，成本越高。所以，在细分某一个具体市场时究竟使用几个因素为好，要通过综合权衡确定，既不是越少越好，也不是越多越好。

任务三 目标市场选择与目标市场定位

一、目标市场选择模式

所谓目标市场，就是企业决定要进入的那个市场部分，也就是企业拟投其所好、为之服务的那个顾客群。市场细分的目的，就在于正确选择进入目标市场。目标市场的涵盖战略主要有以下5种类型。

1. 市场集中化

这是一种最简单的目标市场涵盖战略，即企业只选取一个子市场（M1）为目标市场，然后集中人财物资源生产单一产品（P2）满足其需要，见图4-4（a）。例如某服装厂只生产儿童服装，满足儿童对服装的需要。选择市场集中化战略，一般基于以下考虑：企业具备在该细分市场从事专业化经营或取胜的优势条件；限于资金能力，只能经营一个细分市场；该细分市场中没有竞争对手；企业准备以此为出发点，待取得成功后再向更多的细分市场扩展。

2. 产品专业化

企业以一种产品向若干个子市场出售，见图4-4（b）。如冰箱生产厂同时向家庭、科研单位、饭店宾馆销售不同容积的冰箱。这种涵盖方式既有利于发挥企业生产、技术潜力，分散经营风险，又可以提高企业声誉。不足之处是，科学技术的发展对企业威胁较大，一旦在这一生产领域出现全新技术，市场需求就会大幅萎缩。

3. 市场专业化

企业面向某一子市场（M1），以多种产品（P1，P2，P3）满足其需要，见图4-4（c）。如一些电器企业，专门生产家用电冰箱、电视机、录像机、洗衣机等，以满足家庭对各种电器的需要。这一涵盖方式可充分利用企业资源，扩大企业影响，分散经营风险。不过，一旦目标顾客购买力下降，或减少购买开支，企业收益就会明显下降。

4. 选择专业化

企业选择若干个子市场（M3，M1，M2）为目标市场，并分别以不同的产品（P1，P2，P3）满足其需要，见图4-4（d）。这实际上是一种多角化经营模式，它可以较好地分散经营风险，有较大的回旋余地，即使某个市场失利，也不会使企业陷入绝境。但它需要具备较强的资源和营销实力。

5. 市场全面化

企业用一种或多种产品满足市场上各种需要，以达到占领整体市场的目的，见图4-4（e）。

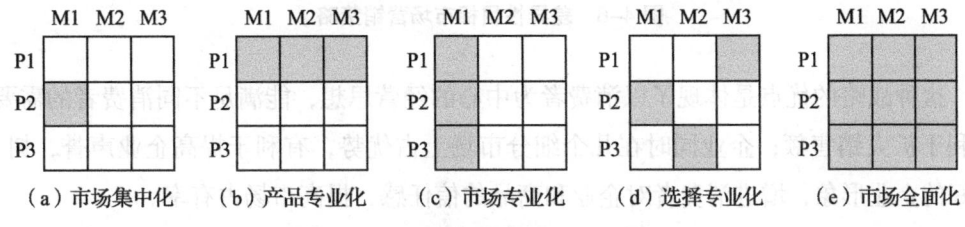

图4-4 目标市场选择的五种模式

二、目标市场策略的类型

企业在选择目标市场时，根据企业实际情况，通常有三种策略可供选择。

1. **无差异性目标市场营销策略**

无差异性目标市场营销策略是指将整体市场作为企业的目标市场，推出一种商品，实施一种营销组合，以满足整体市场的某种共同需要（图4-5）。

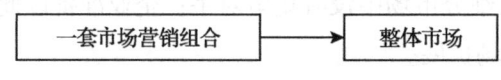

图4-5 无差异性目标市场营销策略

在无差异性目标市场营销策略下，企业把市场作为一个整体，认为所有消费者对某种商品有共同的需求，因而不考虑他们实际存在的需求差异，依靠大众化的分销渠道和相同主题的广告，以求在消费者心目中建立起良好的印象。例如，美国的可口可乐公司在相当长的时间里，由于拥有世界性的专利，仅生产一种口味、大小和形状的瓶装可口可乐，连广告字句都一样。

这种策略的优点是成本较低。因为生产品种单一，批量大，销售面广，挑选性不强，广告投入少，生产成本和营销成本都比较低。一般说来，在卖方市场条件下商品供不应求，竞争不激烈，消费者没有特殊要求的情况下，采取这种策略能取得较好的效果。但在买方市场条件下，竞争激烈，这种策略对多数企业都是不适当的。所以，这种策略只适用于少数大家都有共同需要、差异性不大的商品。

2. **差异性目标市场营销策略**

差异性营销策略是指企业根据各个细分市场中消费需求的差异性，设计生产出满足目标顾客需要的多种产品，并制定相应的营销策略，去满足不同顾客的需要（图4-6）。

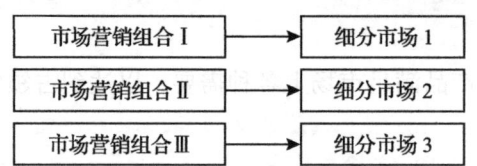

图4-6 差异性目标市场营销策略

这种战略的优点是体现了以消费者为中心的经营思想，能满足不同消费者的需要，有利于扩大销售额；企业同时在几个细分市场上占优势，有利于提高企业声誉，树立良好的企业形象，增进消费者对企业和商品的信任感，提高市场占有率。

其缺点一是企业资源分散于各细分市场，容易失去竞争优势；二是商品生产成本和营销成本较高，因采取多种营销组合措施，促销费用较多。

3. **集中性目标市场营销策略**

集中性市场营销策略也称密集性市场营销策略，它与前两种策略不同之处是不把整个市场作为自己的服务对象，而只是以一个或少数几个细分市场或一个细分市场中的一部分作为目标市场，集中企业营销力量，为该市场开发一种理想的产品，实行专门化生产和销售（图4-7）。

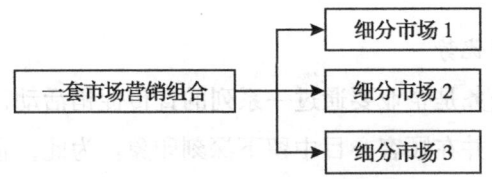

图4-7 集中性目标市场营销策略

采取这种目标市场策略的企业，追求的不是在较大市场上占较少的份额，而是在较小的市场上占有较大份额。企业面对若干细分市场，并不希望尽量占有市场的大部分以至全部，宁可集中全力于争取一个或极少数几个细分市场，而不是将有限的人力、物力、财力分散用在广大的市场上。

三、市场定位

（一）市场定位的概念

市场定位也称产品定位或竞争性定位，是根据竞争者现有产品在细分市场上所处的地位和顾客对产品某些属性的重视程度，塑造出本企业产品与众不同的鲜明个性或形象并传递给目标顾客，使产品在市场上占有优势的地位。市场定位的关键是企业要设法在自己的产品上找出比竞争者更具有竞争优势的特性。这就要求企业采取一切手段在产品特色上下功夫。一般来讲，企业市场定位的过程可以通过识别潜在竞争优势、准确选择竞争优势、显示独特的竞争优势3个基本步骤来进行。

1. 识别潜在竞争优势

这是市场定位的基础。一般情况下，企业的竞争优势表现在两方面：成本优势和产品差别化优势。为实现此目标，企业首先必须进行规范的市场研究，切实了解目标市场需求特点及这些需求被满足的程度。一个企业能否比竞争者更深入、更全面地了解顾客，是能否取得竞争优势、实现产品差别化的关键。另外，企业可以从以下三个方面评估竞争者：一是竞争者的业务经营情况，比如，估测其近3年的销售额、利润率、市场份额、投资收益率等；二是评价竞争者的核心营销能力，主要包括产品质量和服务质量的水平等；三是评估竞争者的财务能力，包括获利能力、资金周转能力、偿还债务能力等。

2. 准确选择竞争优势

竞争优势表明企业能够胜过竞争对手的能力，选择竞争优势实际上就是一个企业与竞争者各方面实力相比较的过程。通常的方法是分析、比较企业与竞争者在经营管理、技术开发、采购、生产、市场营销、财务和产品等 7 个方面究竟哪些是强项，哪些是弱项，借此选出最适合本企业的优势项目，以初步确定企业在目标市场上所处的位置。

3. 显示独特的竞争优势

这一步骤的主要任务是企业要通过一系列的宣传促销活动，将其独特的竞争优势准确传播给潜在顾客，并在顾客心目中留下深刻印象。为此，企业首先应使目标顾客了解、知道、熟悉、认同、喜欢和偏爱本企业的市场定位，在顾客心目中建立与该定位相一致的形象。其次，企业通过各种努力强化目标顾客形象、保持对目标顾客的了解、稳定目标顾客的态度和加深目标顾客的感情来巩固与市场相一致的形象。最后，企业应注意目标顾客对其市场定位理解出现的偏差或由于企业在市场定位宣传上的失误而造成的目标顾客模糊、混乱和误会，及时纠正与市场定位不一致的形象。

（二）市场定位的方法与策略

1. 市场定位的方法

（1）区域定位。区域定位是指企业确定产品将进入的市场区域，包括国际市场、全国市场或特定地区市场。正确识别目标市场区域是成功营销的基础，只有在明确的市场范围内，企业的营销计划才能有效实施。

（2）阶层定位。社会中存在多个阶层，每个阶层的消费者都具有不同的消费特点和需求。在选择目标市场时，企业需考虑其产品面向的具体社会阶层。根据不同标准，可以将社会划分为高知阶层、中知阶层和低知阶层等。通过深入了解某一阶层的需求特点，企业可以在营销的各个层面上更好地满足他们的期望。

（3）职业定位。职业定位关注的是企业将产品或服务销售给哪些职业群体。例如，向农民和养殖户销售饲料，或向学生销售文具。成功的职业定位不仅限于明显的职业群体，还应关注那些不易察觉的细分市场。通过识别竞争对手的盲点，企业可以在特定职业领域获得显著的市场优势。

（4）个性定位。个性定位是指企业将产品销售给具有特定个性特征的消费者群体。通过识别并针对一群具有相似个性的人，企业可以实施更具针对性的营销策略，从而实现最佳的市场效果。

（5）年龄定位。在制定营销策略时，企业还需考虑目标消费者的年龄。不同年龄段的消费者有各自独特的需求特点。比如，对于婴儿用品，营销策略应主要针对母亲，因为她们通常是购买决策的主要参与者。

（6）性别定位。企业需要明确其产品是面向男性、女性，还是同时面向两者。性别定位的不同将直接影响企业的目标市场策略和产品设计。

（7）气候定位。气候类型也是影响市场定位的重要因素。企业需考虑产品在不同气候条件下的适用性。例如，暖气设备适合在寒冷的北方市场，而空调则应主要针对气温较高的地区。然而，全球气候变化可能导致某些地区的市场需求发生变化，企业应灵活调整市场定位策略。

（8）文化定位。文化因素在市场定位中占据重要地位。不同国家、地区和民族有着各自独特的文化背景。通过对文化的深入分析，企业可以提升产品的品位，并塑造独特的品牌形象，从而在市场中脱颖而出。

（9）附加定位。附加定位是指企业通过提供额外的服务或强化产品形象来提升市场竞争力。对于生产型企业，附加定位可以通过产品的实体特征来增强情感价值；而对于服务型企业，附加定位则可以直接形成吸引消费者的诉求点。

通过灵活运用这些市场定位方法，企业能够更有效地识别和满足目标消费者的需求，从而提升市场竞争力和品牌价值。

2. 市场定位的策略

目标市场定位的实质是一种竞争策略。定位方式不同，竞争态势也不同。因此，企业只有与竞争者在产品、促销、成本、服务等方面进行比较，了解自己的优势与劣势，明确自己的竞争优势，进行恰当的市场定位，才能打开市场。可供市场定位选择的战略有以下几种。

（1）对峙定位，是指企业选择靠近于现有竞争者或与现有竞争者重合的市场位置，争夺同样的顾客，彼此在产品、价格、分销及促销等各方面差别不大。现在市场上出售的冰箱、彩电等产品，采用的基本上是这一定位。

（2）回避定位，是指企业回避与目标市场上的竞争者直接对抗，将其位置确定在市场"空白点"上，开发并销售目前市场上还没有的某种特色产品，开拓新的市场领域。

（3）另辟蹊径式，是指企业在意识到很难与同行业竞争对手相抗衡从而获得绝对优势定位，也没有填补市场空白的机会或能力时，可根据自己的条件，通过营销创新，在目标市场上树立起一种明显区别于各竞争对手的新产品或新服务。突出宣传自己与众不同的特色，在某些有价值的产品属性上取得领先地位。例如，日本一家公司的经理安藤百福，在回家的路上看到许多人挤在饭铺等吃热面条的情景，马上想到如果研制一种开水冲泡的面条，肯定会受欢迎。很快，方便面问世了。美国科学家贝尔发明了电话，却没考虑到公共电话会传播细菌的问题。这无意中给企业留下了一个"冷门"。浙江省瑞安市中外合资蔡氏日用化工有限公司据此发明出电话长效清香型杀菌片，很受客户欢迎。做"冷门"生意，是需要一双慧眼的，冷门生意有市场潜力而为之者不多，盈利当然就不难了。

（4）重新定位，是指企业通过变动产品特色等手法，改变目标顾客对产品的认识，塑造新的形象。即使企业产品原有定位很恰当，但当出现下列情况时，也需要考虑重新定位：竞争者推出的市场定位侵占了本企业品牌的部分市场，使本企业产品市场占有率下降；消费者偏好发生了变化，从喜爱本企业品牌转移到喜爱竞争对手的品牌。重新定位前，要考虑两个主要因素：一是重新定位的费用支出，二是重新定位后增加的收入，只有收入大于支出才是可行的。

请扫码答题

项目五　产品策略

案例先导

野生菌子大产业

2000年9月成立的益生食品，起初以生产野生蕨菜腌制品及发酵性豆制品为主。作为易门县本土企业，该企业一直致力于探索利用本地资源优势实现创新发展。易门县拥有183种食药用菌，野生食用菌资源丰富，品质优、口感好，年均产量达1 000吨。2005年，益生食品首次开发野生食用菌系列产品，虽以传统干制、油炸模式为主，但却迈出了关键一步，易门县野生食用菌品牌效应初步显现。

易门县委、县政府对食用菌产业的高度重视，促使益生食品在2016年决定由传统加工向精深加工转型。公司以科技创新为导向，建立了企业技术中心和职工创新工作室，制定激励制度，将销售收入的7%用于研发。2019年，自主研发出野生食用菌乳化酶解技术，推出系列产品，不仅填补了机械加工领域空白，还为行业标准提供依据。

在产品方面，益生食品拥有五大系列80余种产品，包括干菌、鲜菌、酱咸菜、即食食品和调味品。公司严格把控研发环节，每个产品研发完成后都会交由销售部门进行盲测，市场满意率达80%以上才会上市，以求在最大限度上迎合消费者口味。

在品牌建设上，益生食品紧跟线上营销趋势。2014年开设天猫旗舰店，2022年成立直播团队，在主流电商平台带货，提高了销售率和产品曝光率，扩大了"云之南"品牌在消费者中的认知度。益生食品的产品种类齐全、味道鲜美、风格独特，热销全国各地，一举成为云南省农产品加工重点企业、云南省高新技术产业、林业产业省级龙头企业。

【案例启示】益生食品充分挖掘本地资源优势，从传统加工迈向精深加工，严格把控产品质量，秉持经营理念开发新产品。丰富的产品组合提升了市场竞争力，线上营销的品牌策略扩大了品牌认知度。其他农产品企业应借鉴其成功经验，利用本地资源开发特色产品，重视质量与创新，丰富产品组合，运用线上营销打造品牌，在农产品市场营销中开拓广阔天地。

（来源：玉溪日报，引入时有删改）

任务一 产品与产品组合

一、产品整体概念

在现代市场营销学中,产品概念具有极其宽广的外延和深刻而丰富的内涵。它指通过交换而满足人们需要和欲望的因素或手段,包括提供给市场,能够满足消费者或用户某一需求和欲望的任何有形物品和无形产品。具体由下面五个基本层次构成(图5-1)。

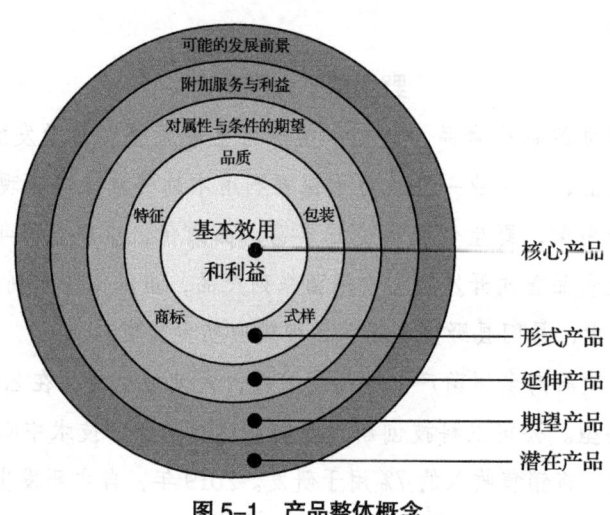

图5-1 产品整体概念

1. **核心产品**

核心产品是指向顾客提供的产品的基本效用或利益。从根本上说,每一种产品实质上都是为解决问题而提供的服务。例如,消费者购买鸡蛋,是为了从鸡蛋中获得蛋白质。顾客购买的是农产品的营养而不是农产品本身。营销人员的根本任务是向顾客介绍农产品的实际效用。

2. **形式产品**

形式产品是指核心产品借以实现的形式或目标市场对某一需求的特定满足形式。形式产品由五个特征所构成,即品质、式样、功能、商标及包装。例如,五彩辣椒、樱桃番茄等产品。它们的出现,打破了人们对传统农产品的认识。这些农产品在外观、形状等方面进行创新后,深受消费者欢迎,尽管价格高但销售却很好。

3. **延伸产品**

延伸产品是指顾客购买形式产品和期望产品时,附带获得的各种利益的总和,包括产品说明书、保证、安装、维修、送货、技术培训等。对于旅馆来说,可以用提供电视、鲜花、快速结账服务、美味餐饮和优质房间服务来增加其产品的内涵。许多情况表明，新的竞争并非各公司在其工厂中所生产的产品，而是附加在产品上的包装、服务、广告、顾客咨询、资金融通、运送、仓储及其他具有价值的形式。能够正确发展延伸产品的公司必将在竞争中赢得主动。

4. **期望产品**

期望产品是指购买者在购买该产品时期望得到的与产品密切相关的一整套属性和条件。譬如，乡村旅馆的客人期望得到清洁的床位、洗浴香波、浴巾、衣帽间的服务等。因为大多数乡村旅馆均能满足旅客这些一般的期望，所以旅客在选择档次大致相同的乡村旅馆时，一般不是选择哪家乡村旅馆能提供期望产品，而是根据哪家乡村旅馆就近和方便而定。

5. **潜在产品**

潜在产品是指现有产品包括所有附加产品在内的，可能发展成为未来最终产品的潜在状态的产品。潜在产品指出了产品的可能的演变趋势和前景。

产品整体概念的五个层次，十分清晰地体现了以顾客为中心的现代营销观念。这一概念的内涵和外延都是以消费者需求为标准的，由消费者的需求来决定的。可以说，产品整体概念是建立在"需求＝产品"这样一个等式基础之上的。没有产品整体概念，就不可能真正贯彻现代营销观念。

二、产品组合及其策略

（一）产品组合

1. **产品组合及其相关概念**

产品组合是指一个企业提供给市场的全部产品线和产品项目的组合或结构，即企业的业务经营范围（图 5-2）。

（1）产品线是指产品组合中的某一产品大类，是一组密切相关的产品。譬如，以类似的方式发挥功能，售给相同的顾客群，以统一的销售渠道出售，属于统一的价格范畴等。

（2）产品项目是指产品线中不同品种、规格、质量和价格的特定产品。例如，某自选采购中心经营家电、百货、鞋帽、文教用品等，这就是产品组合；而其中"家电"或"鞋帽"等大类就是产品线；每一大类里包括的具体品牌、品种为产品项目。

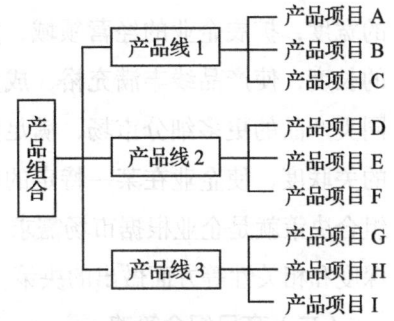

图 5-2　产品组合的构成示例

2. 产品组合的宽度、长度、深度和关联度

产品组合包括4个可以衡量的变量即宽度、长度、深度和关联度。产品组合的宽度是指产品组合中所拥有的产品线的数目。产品组合的长度是指产品组合中产品项目的总数。如以产品项目总数除以产品线数目即可得到产品线的平均长度。产品组合的深度是指一条产品线中所含产品项目的多少。

表5–1所示的产品组合的宽度为4，产品组合总长度为18，每条产品线的平均长度为18÷4＝4.5。产品组合的深度分别为：服装6、皮鞋4、帽子5、针织品3。

表5–1 产品组合示例

	服装	皮鞋	帽子	针织品
产品线的长度	男西装	男凉鞋	制服帽	卫生衣
	女西装	女凉鞋	鸭舌帽	卫生裤
	男中山服	男皮鞋	礼帽	汗衫背心
	女中山服	女皮鞋	女帽	
	风雨衣		童帽	
	儿童服装			

产品组合的关联度是指各条产品线在最终用途、生产条件、分配渠道或其他方面相互关联的程度。例如，某家用电器公司拥有电视机、收录机等多条产品线，但每条产品线都与电有关，这一产品组合具有较强的一致性。相反，实行多元化经营的企业，其产品组合的相关性则小。

根据产品组合的四种尺度，企业可以采取四种方法发展业务组合：加大产品组合的宽度，扩展企业的经营领域，实行多元化经营，分散企业投资风险；增加产品组合的长度，使产品线丰满充裕，成为更全面的产品线公司；加强产品组合的深度，占领同类产品的更多细分市场，满足更广泛的市场需求，增强行业竞争力；增强产品组合的关联度，使企业在某一特定的市场领域内加强竞争和赢得良好的声誉。因此，产品组合决策就是企业根据市场需求、竞争形势和企业自身能力对产品组合的宽度、长度、深度和相关性等方面做出的决策。

（二）产品组合策略

产品组合策略是指企业根据市场需求和内部资源对产品组合的宽度、深度、长度和关联度的最优组合策略。企业通过产品线销售额和利润分析、产品项目市场定位分析对产品组合进行调整和优化，采取扩大产品组合、缩减产品组合、产品线延伸、产品线现代化等策略。

1. 扩大产品组合策略

扩大产品组合包括开拓产品组合的宽度和加强产品组合的深度，前者指在原产品组合中增加产品线，扩大经营范围；后者指在原有产品线内增加新的产品项目。当企业预测现有产品线的销售额和盈利率在未来可能下降时，就须考虑在现有产品组合中增加新的产品线，或加强其中有发展潜力的产品线。

2. 缩减产品组合

市场繁荣时期，较长较宽的产品组合会为企业带来更多的盈利机会。但是在市场不景气或原料、能源供应紧张时期，缩减产品线反而能使总利润上升。因为剔除那些获利小甚至亏损的产品线或产品项目，企业可集中力量发展获利多的产品线和产品项目。

3. 产品线延伸策略

每一企业的产品都有特定的市场定位。产品线延伸策略指全部或部分地改变原有产品的市场定位，具有向下延伸、向上延伸和双向延伸三种实现方式。

（1）向下延伸是在高档产品线中增加低档产品项目。实行这一决策需要具备以下市场条件：利用高档名牌产品的声誉，吸引购买力水平较低的顾客慕名购买此产品线中的廉价产品；高档产品销售增长缓慢，企业的资源设备没有得到充分利用，为赢得更多的顾客，将产品线向下伸展；企业最初进入高档产品市场的目的是建立厂牌信誉，然后再进入中、低档市场，以扩大市场占有率和销售增长率；补充企业的产品线空白。实行这种策略也有一定风险，如处理不慎，会影响企业原有产品特别是名牌产品的市场形象，还必须辅之以一套相应的营销组合策略，譬如对销售系统的重新设置等。所有这些都将大大增加企业的营销费用开支。

（2）向上延伸是在原有的产品线内增加高档产品项目。实行这一策略的主要目的是：高档产品市场具有较大的潜在成长率和较高利润率；企业的技术设备和营销能力已具备加入高档产品市场的条件；企业要重新进行产品线定位。采用这一策略也要承担一定的风险，要改变产品在顾客心目中的地位是相当困难的，如处理不慎，还会影响原有产品的市场声誉。

（3）双向延伸。双向延伸策略是指在原来的中档产品线中同时增加高档产品项目和低档产品项目。实行产品线延伸策略可以充分利用企业资源，开发多种产品满足消费者的不同档次需求，减少经营风险。但是产品线延伸要适度，随着产品线的延长，会造成产品成本增加，企业利润减少，也使消费者难以区分各种产品的独特优势，降低品牌忠诚度。

任务二　产品生命周期与新产品开发策略

一、产品生命周期

1. 产品生命周期的概念

产品生命周期是指某产品从进入市场到被淘汰退出市场的全部运动过程，是产品的市场寿命，而不是使用寿命。产品生命周期由需求与技术的生命周期决定。企业开展市场营销活动的思维视角，不是从产品开始，而是从需求出发的。任何产品都只是作为满足特定需要或解决问题的特定方式而存在。

2. 产品生命周期阶段

产品生命周期一般分为四个时期：产品导入期，市场成长期，市场成熟期和市场衰退期（图5-3）。产品导入期（也称介绍期）是指在市场上推出新产品，产品销售呈缓慢增长状态的阶段；成长期是指该产品在市场迅速为顾客所接受、销售额迅速上升的阶段；成熟期是指大多数购买者已经接受该项产品，市场销售额缓慢增长或下降的阶段；衰退期是指销售额急剧下降、利润渐趋于零的阶段。

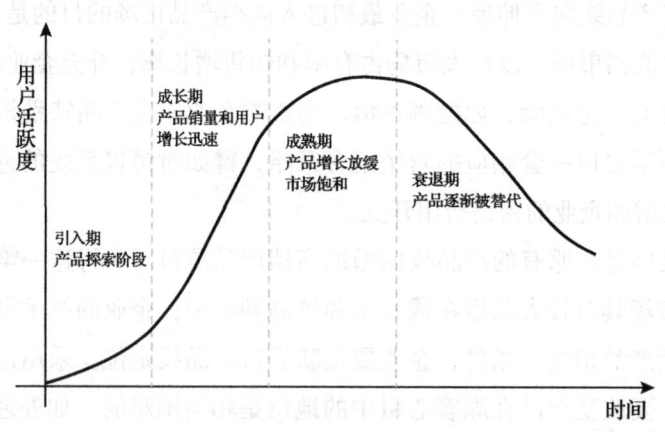

图5-3　产品生命周期

3. 产品生命周期各阶段的特征与营销策略

产品生命周期反映了产品从投入市场到被市场淘汰的整个过程，以及在整个过程的不同阶段所呈现的特点，如表5-2所示。企业应根据产品生命周期不同阶段的特点采取不同的营销策略。

表 5-2 产品生命周期各阶段的特点

阶段 特点	产品导入期	市场成长期	市场成熟期	市场衰退期
销售额	低	迅速上升	达到顶峰	迅速下降
利润	无	一般	高	低
购买者	爱好新奇者	较多	大众	较少
竞争者	少	逐渐增加	相对稳定，开始减少	减少
营销目标	建立知名度，争取试用	提高知名度和市场占有率	保持市场占有率，争取利润最大化	退出市场，实现产品更新换代

（1）产品导入期。产品导入期是指产品刚刚投放市场的阶段。在这一阶段，消费者对产品缺乏了解，销售额增长缓慢。由于前期投入成本较高，企业几乎没有利润，甚至亏损。此外，市场竞争也比较小，甚至没有。

根据产品导入期的特点，企业应制定针对性的营销策略，把握好进入市场的时机，设法把销售力量直接投向潜在购买者，使市场尽快接受该产品。具体策略如下。

①加强对产品的宣传，使新产品能很快进入市场，被消费者所接受。

②确定合理的价格，通常可采取高价和低价两种策略。高价策略能够使产品树立"高档"形象，扩大产品的知名度，也能让企业快速收回成本；低价策略有助于产品迅速占领市场，而且低价会压低利润，使得潜在竞争者数量减少。

③加强渠道建设，选择合适的中间商，制定有吸引力的中间商策略，激励中间商协助推广新产品。

④利用企业已有的声誉或品牌知名度，促进新产品的销售。

（2）市场成长期。市场成长期是指产品在市场上打开销路后的销售增长阶段。在此阶段，产品在市场上已被消费者所接受，销售额迅速上升，成本大幅度下降，企业的利润也有了明显提高。由于有利可图，此时提供同类产品的竞争者开始介入。

这个时期的营销目标是提高产品知名度和市场占有率，尽可能延长产品的成长期，使获取最大利润的时间得以延长。可采用的具体策略如下。

①提高产品质量和服务质量，同时要根据消费者的需求进一步改进产品，增加产品的种类，以吸引更多的消费者。

②在销量不断增加、成本不断下降的基础上，选择适当时机采取降价策略，以防止竞争者进入，同时激发对价格敏感的消费者的购买欲望，以争取更多消费者；若产品或服务前期价格较低，此时可适当提高价格，以提升产品形象。

③在维持原有市场的基础上，通过市场细分，找到新的尚未被满足的细分市场，

并迅速进入这一新市场。

④将促销的重点从介绍产品转向树立产品形象,创立品牌,以增强消费者对企业和产品的信任感。

(3)市场成熟期。市场成熟期是指产品在市场上普遍销售以后的饱和阶段。在此阶段,大多数消费者已经接受该产品,市场销售额增长放缓或开始下降。在市场成熟期的前半阶段,销售额达到顶峰,稳定一段时间后开始回落,进入市场成熟期的后半阶段。在这一阶段,由于市场竞争激烈,营销费用增加,价格开始下降。

这个时期的市场营销重点是保持市场占有率,防止与抵抗竞争者的进攻,争取利润最大化。可采用的具体策略如下。

①拓展市场,主要通过三种方式实现:一是开辟新的细分市场,寻找新的消费者;二是刺激现有消费者,提高产品销售量;三是对产品进行重新定位,树立新形象,寻求新的消费者。

②改良产品或服务。企业应提高产品或服务质量,增设尽可能多的服务项目,让消费者满意;加强新产品开发,不断适应市场需求,吸引更多的消费者。

③改进营销组合策略。企业可以通过改变定价、分销渠道和促销方式来延长产品的成熟期。营销策略是对营销因素组合的巧妙运用,可以通过改变一个或几个因素的搭配关系来刺激消费者的购买欲望。

(4)市场衰退期。市场衰退期是指产品在市场上因滞销而被迫退出市场的衰亡阶段。在此阶段,由于市场竞争激烈、需求饱和或者新产品出现,销售额迅速下降,企业利润逐渐趋于零甚至为负数。

当产品进入衰退期时,企业的营销重点是有计划地退出市场。通常有以下几种策略可供选择。

①转移策略。这种策略一般有两种方式:一是立即转移,即企业立即将资源转向新的经营项目;二是逐步转移,即企业尽早开发出新产品,有序地完成新老产品的更替。

②继续策略。企业继续生产衰退期产品,利用其他竞争者退出市场的机会,通过提高服务质量、降低价格等方法来维持销售,直到这种产品完全退出市场为止。

③集中策略。企业把人力、物力、财力等资源集中到最有利的细分市场和分销渠道上,以获取尽可能多的利润。

④收缩策略。企业压缩销售费用,精减推销人员,停止广告宣传,降价处理产品,以保持一定的利润。这样可能导致产品在市场上加速衰退,但仍可以从忠实的消费者群体获得利润。

二、新产品开发策略

1. 新产品的概念

新产品是指由企业初次设计，或者在原有产品基础上做出重大改进，使其在内容、服务方式、结构等方面更为科学合理的产品。一般来说，产品结构中任何层次的更新和变革，导致其在内容、质量、档次、品种、特色等方面与原有产品有一定差异，并为消费者带来新的利益的产品，都可称为新产品。开发新产品有助于企业满足消费者不断变化的消费需求、增强市场竞争力，从而更好地生存和发展。新产品分类情况如下。

（1）全新产品。全新产品是指应用科技新成果，运用新原理、新技术、新工艺和新材料制造的市场上前所未有的产品。全新产品一般是由于科技进步或为满足市场上出现的新的需求而发明的产品，具有明显的新特征和新性能，甚至能改变用户或消费者的生产方式或消费方式。但全新产品的开发难度大，开发时间长，需大量投入，成功率低。一旦成功，用户和消费者也还需要有一个适应接受和普及推广的过程。

（2）换代新产品。换代新产品也被称为革新产品，是指部分改变市场上已经出现的原有产品的结构和性能而形成的产品。它使原有产品的性能得到改善和提高，具有较大的可见价值。对于此类产品，使用者也需要有接受和普及的过程，但时间比较短。

（3）改进新产品。改进新产品是指对现有产品的质量、特点、外观款式或包装等加以全面或局部改进的产品。这类产品与原有产品差别不大，易于被使用者接受。市场上销售的大部分新产品均属于这种类型。

（4）仿制新产品。仿制新产品是指对国内外市场上已经出现的产品进行引进或模仿，研制生产出在性能、质量等方面类似的产品。仿制新产品开发速度快，投资少，效益高。

2. 新产品开发策略

开发新产品是一项很艰难的任务，不仅需要投入大量的资金，而且具有大的风险。因此，企业必须根据生产需要、竞争动态和企业本身的能力，选择开发新产品的策略，把需要与可能结合起来。新产品开发一般有5种策略。

（1）改进现有产品策略。改进现有产品策略即依据现有的设备和技术能力，改进现有产品。其优点是开发费用低，取得成功的把握大，但只适用于较小的改革。如海尔洗衣机在原有的基础上，生产了适合夏季使用的小小神童洗衣机。

（2）仿制策略。仿制策略即模仿竞争者的新产品。企业有计划、有组织地仿制竞争者的新产品，在原有的基础上进行创新和改进。这类产品只要市场需要，一般容易立即生产，不需要太多的资金和尖端技术。但企业应注意对原产品的某些不足和缺陷进行改造，切忌全盘照抄。

（3）差异化策略。新产品开发贵在创新。正所谓"人无我有则新，人新我精则妙，人妙我奇则智"，企业若能以此为原则，不断开发新产品，定会立于不败之地。因此，企业在研制新产品时，应考虑到与其他同类产品的差异性，向消费者提供具有明显特色的产品，给消费者一种标新立异的印象，以此增强产品的吸引力和竞争力。

（4）借脑生财策略。借脑生财策略即新产品开发要以高科技为依托，加大新产品的技术含量，而要做到这一点，单凭企业自身的技术力量是不够的。每一个企业都要全力以赴寻找合作伙伴，争取在本企业的背后能有几个高等院校、科研单位做后盾；在一种产品背后，能有几个专家作靠山。通过技术引进和技术合作，借脑开发新产品。培植新优势，树立企业新形象。

（5）拾遗补缺策略。拾遗补缺策略即积极开发国家经济建设急需的或短线稀缺的新产品。这种策略有利于企业填补空白，在市场上抢占优势地位，提高市场占有率，增强企业竞争力。

任务三　品牌与包装策略

一、品牌的概念及品牌策略

1. 品牌的概念

品牌是用以识别某个销售者或某群销售者的产品或服务，并使之与竞争对手的产品或服务区别开来的商业名称及其标志，通常由文字、标记、符号、图案和颜色等要素或这些要素的组合构成。品牌是一个集合概念，它包括品牌名称和品牌标志两部分。

品牌就其实质来说，是销售者（卖者）对交付给消费者（买者）的产品特征、利益和服务的一贯性的承诺。品牌还是一个更为复杂的符号，蕴含着深刻的含义，如属性、利益、价值、文化、个性和用户等。

品牌与商标都可以识别不同生产经营者的不同种类、不同品质产品的商业名称及其标志。品牌是市场概念，是产品和服务在市场上通行的牌子，它强调与产品及其相关的质量、服务等之间的关系，品牌实质上是品牌使用者对顾客在产品特征、服务和利益等方面的承诺，而商标是法律概念，它是已获得专用权并受法律保护的品牌，是品牌的一部分。

2. 品牌策略

品牌策略是指企业对品牌如何合理选择与使用，以促进企业产品的销售。具体有以下几种策略。

（1）品牌有无策略。品牌运营的第一个作业环节就是企业生产经营的产品是否应该有品牌。不言而喻，拥有自己的品牌，必然要付出相应的费用（包括包装费、法律保护费等），从而增加企业运营总成本。同时也承担一定的市场风险（若某品牌不受欢迎，损失自负）。但品牌对使用者或营销者的益处更是不可低估的。品牌的有益作用是企业选用有品牌策略的重要原因。实践中，有的营销者为了节约包装、广告等费用，降低成本，提高市场竞争力，也常采用无品牌策略。必须说明的是，商品无品牌也有对品牌认识不足、缺乏品牌意识等原因。当然，商品有无品牌不是一成不变的。随着品牌意识的增强，近年来，我国企业品牌化程度不断提高，农产品品牌（如"七河源"大米等）更是令人瞩目。

（2）品牌归属策略。企业有3种可供选择的策略：一是企业使用属于自己的品牌，这种品牌叫作企业品牌或生产者品牌；二是企业将其产品售给中间商，由中间商使用他自己的品牌将产品转卖出去，这种品牌叫作中间商品牌；三是企业对部分产品使用自己的品牌，而对另一部分产品使用中间商品牌。企业选择生产者品牌或中间商品牌，即品牌归属生产者还是中间商，要全面考虑各相关因素，综合分析得益和损失，最关键的问题要看生产者和中间商谁在这个产品分销链上居主导地位、拥有更好的市场信誉和拓展市场的潜能。

（3）品牌统分策略。

①统一品牌，即企业所有的产品（包括不同种类的产品）都统一使用一个品牌。采用统一品牌策略，能够降低新产品宣传费用；可在品牌已赢得良好市场信誉的情况下顺利推出新产品；同时有助于显示企业实力，塑造企业形象。不过，不可忽视的是，若某一种产品因某种原因（如质量）出现问题，就可能因其他种类产品受牵连而影响全部产品和整个企业的信誉。

②个别品牌，是指企业对各种不同的产品分别使用不同的品牌。这种品牌策略可以保证企业的整体信誉不至于受某种商品声誉的影响；便于消费者识别不同质量、档次的商品；同时也有利于企业的新产品向多个目标市场渗透。当然，促销费用较高也是不可忽视的。

③分类品牌，即指企业在不同分类产品使用不同的品牌。如企业可以将自己生产经营的产品分为器具类产品、妇女服装类产品和主要家庭设备类产品，并分别赋予其不同的品牌名称及品牌标志。这实际上是对前两种做法的一种折中。

④企业名称加个别品牌。其做法是企业对其各种不同的产品分别使用不同的品牌，但需在各种产品的品牌前面冠以企业名称。这种在各不同产品的品牌名称前冠以企业名称的做法，可以使新产品与老产品统一化，进而提升企业的整体信誉。与此同时，各种不同的新产品分别使用不同的品牌名称，又可以使不同的新产品各具特色。

（4）品牌扩展策略。品牌扩展就是指企业利用其成功品牌的声誉来推出改良产品或新产品。品牌扩展策略可以使新产品借助成功品牌的市场信誉在节省促销费用的情况下顺利地进占市场。值得注意的是，品牌扩展策略是一把双刃剑。若利用已成功的品牌开发并投入市场的新产品不尽如人意，消费者不认可，也会影响该品牌的市场信誉。

（5）多品牌策略。多品牌策略即是企业同时为一种产品设计两种或两种以上互相竞争的品牌的做法。这种策略由宝洁公司（P&G）首创并获得了成功。运用多品牌策略可以在产品销售过程中占有更大的货架空间，进而压缩或挤占了竞争者产品的货架面积，为获得较高的市场占有率奠定了基础。而且还应看到，多种不同的品牌代表了不同的产品特色，多品牌可吸引多种不同需求的顾客，提高市场占有率。在运用多品牌策略时，要注意各品牌市场份额的大小变化趋势，适时撤销市场占有率过低的品牌，以免造成自身品牌过度竞争。

（6）品牌重新定位策略。品牌重新定位策略也称再定位策略，就是指全部或部分调整或改变品牌原有市场定位的做法。

二、包装策略

1. 包装的含义

包装是指对某一品牌商品设计并制作容器或包装物的一系列活动。也可以说，包装有两方面的含义：其一，包装是指为产品设计、制作包扎物的活动过程；其二，包装即是指包扎物。一般说来，商品包装应该考虑商标或品牌、形状、颜色、图案和材料等要素。此外，在产品包装上还有标签。在标签上一般都印有包装内容和产品所包含的主要成分、品牌标志、产品质量等级、生产厂家、生产日期和有效期、使用方法等。有些标签上还印有彩色图案或实物照片，以促进销售。

2. 包装的种类

（1）运输包装。主要用于保护产品品质安全和数量完整。

（2）销售包装。要美化和宣传产品，便于陈列展销，吸引顾客，方便消费者认识、选购、携带和使用。

3. 包装策略

（1）类似包装策略。该策略是指企业生产经营的所有产品，在包装外形上都采取相同或相近的图案、色彩等，使消费者通过类似的包装联想起这些商品是同一企业的产品，具有同样的质量水平。类似包装策略不仅可以节省包装设计成本，树立企业整体形象，扩大企业影响，而且还可以充分利用企业已拥有的良好声誉，有助于消除消费者对新产品的不信任感，进而有利于带动新产品销售。它适用于质量水平相近的产品,但由于类似包装策略容易对优质产品产生不良影响,所以,对于大多不同种类、不同档次的产品一般不宜采用这种包装策略。

(2)等级包装策略。该策略是指企业对自己生产经营的不同质量等级的产品分别设计和使用不同的包装。显然,这种依产品等级来配比设计包装的策略可使包装质量与产品质量等级相匹配,对高档产品采用精致包装,对低档产品采用简略包装,其做法适应不同需求层次消费者的购买心理,便于消费者识别、选购商品,从而有利于全面扩大销售。当然,该策略的实施成本高于类似包装策略。

(3)分类包装策略。分类包装策略是根据消费者购买目的不同,对同一种产品采用不同的包装。如购买商品用作礼品赠送亲友,则可精致包装;若购买者自己使用,则简单包装。此种包装策略的优点与等级包装策略相同。

(4)配套包装策略。配套包装就是指企业将几种有关联性的产品组合在同一包装物内的做法。这种策略能够节约交易时间,便于消费者购买、携带与使用,有利于扩大产品销售,还能够在将新旧产品组合在一起时,使新产品顺利进入市场。

(5)再使用包装策略。该策略也称双重用途包装策略,是指包装物在被包装的产品消费完毕后还能移作他用的做法。由于这种包装策略增加了包装的用途,可以刺激消费者的购买欲望,有利于扩大产品销售,同时也可使带有商品的包装物在再使用过程中起到延伸宣传的作用。

(6)附赠品包装策略。附赠品包装策略是指在包装物内附有赠品以诱发消费者重复购买的做法。在包装物中的附赠品可以是玩具、图片,也可以是奖券。该包装策略对儿童和青少年以及低收入者比较有效。这也是一种有效的营业推广方式。

(7)更新包装策略。更新包装策略是指企业包装策略随着市场需求的变化而改变的做法。一种包装策略无效,依消费者的要求更换包装。实施新的包装策略,可以改变商品在消费者心目中的地位,进而收到迅速恢复企业声誉之佳效。

请扫码答题

项目六　价格策略

 **案例先导**

因提价而畅销

位于深圳的异彩珠宝店，专门经营少数民族风格的手工珠宝首饰。这家珠宝店位于游客众多、风景秀丽的华侨城，周围有著名的旅游景点世界之窗、民族文化村、欢乐谷等，生意一直比较稳定。其客户主要有两部分：游客和华侨城社区居民（华侨城社区在深圳属于高档社区，人们的生活水平较高）。

不久前，异彩珠宝店店主易麦克特（维吾尔族）进了一批由珍珠质宝石和银制成的手镯、耳环和项链的精选品。与典型的绿松石造型中的青绿色调不同的是，珍珠质宝石是粉红色略带大理石花纹的颜色。就大小和样式而言，这一系列珠宝中包括了很多种类，有的珠宝小而圆，式样很简单，而有的珠宝则要大一些，式样别致和大胆。不仅如此，该系列还包括了各种传统样式的由珠宝点缀的丝制领带。

与以前的进货相比，易麦克特认为，这批珍珠质宝石制成的首饰的进价还是比较合理的。他对这批货十分满意，因为它们比较独特，可能会比较好销售。在进价的基础上，加上其他相关的费用和平均水平的利润，他定了一个价格，觉得该价格应该十分合理，肯定能让顾客觉得物超所值。

然而，这些珠宝在店中摆了一个月之后，销售统计报表显示其销售状况很不好，易麦克特十分失望。不过，他认为问题并不在于首饰本身，而是因为营销的某一环节没有做好，于是，他决定试试在中国营销传播网上学到的几种销售策略。比如，令店中某种商品的位置有形化往往会使顾客产生更浓厚的兴趣。因此，他把这些珍珠质宝石装入玻璃展示箱，并将其摆放在该店入口的右侧。可是，他发现位置改变之后，这些珠宝的销售情况仍然没有什么起色。

就在此时，易麦克特正准备外出选购产品。因对珍珠质宝石首饰销售下降感到十分失望，他急于减少库存，以便给更新的首饰腾出地方来存放。他决心采取一项重大行动，即将这一系列珠宝半价出售。临走时，他给副经理匆忙地留下了一张字条，告诉她:"调整一下那些珍珠质宝石首饰的价格,所有都1/2。"

当他回来的时候,易麦克特惊喜地发现该系列所有的珠宝都已销售一空。"我真不明白。这是为什么?"他对副经理说,"看来这批首饰并不合顾客的胃口。下次我在新添宝石品种的时候一定要慎之又慎。"而副经理对易麦克特说,她虽然不懂为什么要对滞销商品进行提价,但她惊诧于提价后商品出售速度惊人,易麦克特不解地问:"什么提价?我留的字条上是说价格减下来啊","减半?"副经理吃惊地问,我认为你的字条上写的是这一系列的所有商品的价格一律按双倍计算。原来,副经理将价格增加了1倍而不是减半。

(资料来源:宫春艳,《市场营销学》,西南财经大学出版社2021年4月重印版,第194—195页。)

> **请思考**
>
> 1. 为什么异彩珠宝店的珍珠质宝石以原价2倍的价格出售反而会卖得更快?
> 2. 心理定价法的观念对易麦克特有什么帮助?你在未来的定价决策方面会给易麦克特提出什么建议?
> 3. 请你列举一些曾经听说过的"因提价而畅销"的趣事,与同学们分享。

任务一 定价目标

一、以获取利润为定价目标

价格高于成本,获取经营利润,是任何企业开展经营活动的基本目标,而能否获取期望利润则在很大程度上取决于销售价格的制定。在商业世界中,企业在为产品或服务制定价格时,往往有着明确的目标导向。其中一种常见的定价目标便是以获取利润为目标。这意味着企业将利润最大化作为定价决策的核心考量因素。对于企业而言,利润是生存和发展的关键。它不仅可以为企业带来资金的积累,用于扩大生产规模、研发新产品、提升员工待遇等,还能向投资者证明企业的经营能力和价值。因此,在定价过程中,企业会精心计算成本、预测市场需求,并结合竞争态势,力求找到一个既能满足消费者需求又能实现利润最大化的价格点。

二、以争取产品质量领先为定价目标

在激烈的市场竞争中,企业的定价目标往往反映了其核心战略和价值追求。其中,以争取产品质量领先为定价目标,成为众多追求卓越的企业的重要选择。

当企业将争取产品质量领先作为定价目标时,意味着他们不仅仅是在为产品标上一个数字,而是在向市场宣告一种承诺。这个承诺就是消费者所支付的价格,将换来远超普通产品的卓越质量。高质量的产品通常需要在研发、原材料选择、生产工艺等方面投入更多的成本,而以争取产品质量领先为定价目标,使得企业能够通过较高的价格来覆盖这些成本,同时为持续提升产品质量提供资金支持。

对于消费者而言,价格往往是他们判断产品质量的重要指标之一。当看到一个产品的价格较高时,他们会在潜意识里认为这个产品在质量上有过人之处。企业正是利用了消费者的这种心理,通过较高的价格来传达产品质量领先的信息。然而,这并不意味着企业可以随意抬高价格。只有当产品的质量确实能够与价格相匹配时,消费者才会愿意买单。因此,以争取产品质量领先为定价目标的企业,必须不断努力提升产品质量,以满足消费者的期望。

三、以提高市场占有率为定价目标

当企业拥有较高的市场占有率时,可以采取高价策略,因为其在市场中具有较强的竞争力和话语权。相反,如果市场占有率较低,企业则可能需要采取低价策略来吸引更多的消费者,从而提高市场份额。市场份额是衡量企业市场地位的重要指标。市场份额越大,企业在市场中的影响力和竞争优势就越大,这使得企业能够采取更加灵活和有利的定价策略。企业可以根据市场需求和竞争状况选择不同的定价策略,如市场渗透定价、差异化定价和定价捆绑销售等。这种策略通常包括降低价格以吸引更多的消费者,从而增加销量和市场份额。这种定价目标尤其适用于那些希望在竞争激烈的市场中获得领先地位的企业。根据市场营销理论,市场占有率是衡量企业营销策略成功与否的重要指标之一。为了提高市场占有率,企业可能会采用渗透定价策略,即以低于成本或接近成本的价格销售产品,以迅速增加市场份额。这种策略在初期可能会导致较低的利润率,但长期来看,通过增加市场份额,企业可以提高其市场地位和竞争力。此外,基于销售的定价目标强调通过牺牲短期利润来实现长期的市场份额增长。这种策略通常会导致价格较低,但能够帮助企业从竞争对手那里夺取市场份额。例如,出版商在推出新杂志时,常常采用渗透定价策略,通过低价吸引潜在客户,然后在建立了一定的客户忠诚度后逐步提高价格。需要注意的是,虽然低价策略有助于提高市场份额,但企业也需要考虑其他非价格因素,如品牌知名度、客户忠诚度和产品差异化等。这些因素可以帮助企业在价格战中保持竞争力，并在市场中建立持久的优势。总之，以提高市场占有率为定价目标的策略通常涉及通过低价策略迅速占领市场份额，并在市场稳定后逐步调整价格以实现更高的利润和长期增长。

四、以应对和防止竞争为定价目标

以应对和防止竞争为定价目标的策略主要体现在企业通过调整价格来应对市场竞争或避免激烈的价格战。这种策略的核心在于通过价格调整来保持市场竞争力，防止竞争对手的介入或减少竞争压力。以应对竞争和防止竞争作为定价目标要求企业在定价时应低于竞争对手的产品价格，这表明企业会主动降低价格以应对竞争对手的挑战，以保持市场份额或吸引更多的消费者。竞争导向定价法，这是一种以市场同行业竞争对手的价格为主要依据，根据应付竞争或避免竞争的要求来制定自身同类产品价格的方法。这包括随行就市定价，即紧随市场行情，以及预防性定价策略，如在行业容易进入的情况下，通过较低或较合理的定价使竞争对手犹豫，争取更长的独占经营时间。竞争性较强的企业在定价前会收集同类产品的质量和价格资料，与自己的商品进行比较，然后选择对应的竞争价格。这说明企业会通过市场调研来了解竞争对手的定价策略，以便制定出更有效的应对措施。在价格领导者政策和价格追随者政策中，前者是实力强大的大企业定出的价格有权威性，其他同行企业将追随其价格；后者则是参考大企业的价格进行调整。这两种政策都是企业为了应对市场竞争而采取的定价策略。面对竞争对手价格战时的应对策略，包括了解竞争对手的定价策略、差异化定价等，这表明企业在面对竞争时会采取多种策略来保持自身的价格优势。综上所述，以应付和防止竞争为定价目标的策略包括主动降价以应对竞争对手、收集市场信息以制定更有效的价格策略、采取价格领导者或追随者政策以及在必要时采取差异化定价等措施。

五、以维持企业生存为定价目标

在市场营销学中，以维持企业生存为定价目标主要是指企业在面对产能过剩、激烈竞争或消费者需求变化等不利市场环境时，通过设定适当的价格策略来确保企业的短期生存。这种定价目标通常适用于那些面临重大挑战的企业，其核心在于通过覆盖价格变动成本和部分固定成本，从而保持企业的运营能力。然而，需要注意的是，生存虽然是短期目标，但长期来看，企业必须学会如何增加价值，否则可能会面临灭绝的风险。因此，在设定价格策略时，企业应综合考虑市场需求、成本以及长期战略目标，以确保在短期生存的同时，也为未来的可持续发展奠定基础。

任务二 定价方法

一、成本导向定价法

所谓成本导向定价法,是指以企业的生产或经营成本作为制定价格依据的定价方法。按照定价成本的性质不同,成本导向定价法可以分为三种。

(一)总成本加成定价法

1. 定义与原理

总成本加成定价法是在产品单位成本的基础上,加上一定比例的毛利来确定销售价格。其原理在于企业通过计算产品的总成本,包括固定成本和变动成本,然后在此基础上加上预期的利润,以确保企业在销售产品时能够获得一定的收益。例如,在服装行业,商家通常会采用总成本加成定价法。假设一件衣服的单位总成本为100元,如果商家设定的加成率为30%,那么这件衣服的销售价格就为100×(1+0.3)=130元。

2. 计算方法

正如前面提到的计算公式 $P = c \times (1 + r)$,其中 P 表示商品的单价,c 为单位总成本,r 为加成率。例如,某企业生产一种电子产品,单位总成本为800元,设定的加成率为20%,则该电子产品的销售价格为800×(1+0.2)=960元。

3. 优缺点分析

这种定价方法的主要优点是计算简便,企业可以较为容易地确定产品价格。同时,它能够保证企业在覆盖成本的基础上获得一定的利润,是一种广泛使用的理性定价方法,易于理解和使用。例如,在烟酒行业,加成比例一般在10%~30%,企业可以根据成本和市场情况较为稳定地确定产品价格。

总成本加成定价法的缺点是可能忽略市场需求和竞争因素。如果实际生产发生改变,成本也会随之改变,可能导致价格过高或过低。而且,如果企业成本高于竞争者,使用此方法会造成企业竞争力不足。此外,它忽略了需求价格弹性,对于某些企业目标,如市场渗透、对抗竞争等行为帮助有限,可能会使定价策略丧失灵活性。

4. 适用场景

总成本加成定价法适用于产品成本较稳定、市场竞争不激烈的情况。例如,在一些传统的制造业,当产品的成本相对稳定,市场上竞争对手较少时,企业可以采用总成本加成定价法来确定产品价格。

（二）目标收益定价法

1. 概念及目标设定

目标收益定价法是根据企业总成本和预期收益来确定产品价格的方法。企业首先确定总成本，然后根据预期的销售量和目标收益率来设定价格。目标可以是实现一定的投资回报率、达到特定的利润额等。例如，某企业计划在一年内实现20%的回报率，通过对总成本和预期销售量的计算，来确定产品的价格。

2. 定价步骤

确定总成本。企业需要准确核算生产产品的所有成本，包括固定成本和变动成本。例如，一家汽车制造企业在计算总成本时，需要考虑原材料成本、人工成本、设备折旧等。

设定目标利润率。根据企业的战略目标和市场情况，确定合理的目标利润率。例如，企业可以根据行业平均利润率、自身的发展阶段和市场竞争状况来设定目标利润率。

计算价格。根据总成本和目标利润率，使用公式：

$$单位产品价格 = 总成本 \times (1+目标利润率) / 预计销量$$

来计算产品价格。

例如，某企业的总成本为1 000万元，预计销量为10 000件，目标利润率为15%，则产品价格为10 000 000×（1+0.15）/10 000 = 1150元。

3. 风险与挑战

对市场需求预测不准确可能导致目标难以实现。如果企业过高估计了市场需求，制定的价格过高，可能导致销售量低于预期，无法实现目标收益。相反，如果过低估计市场需求，价格过低，虽然销售量可能增加，但利润可能无法达到目标。此外，市场竞争的变化、成本的波动等因素也可能影响目标收益的实现。

4. 实际案例分析

某企业推出一款新型智能手机，通过对成本的核算，总成本为10亿元。企业根据市场调研和自身发展战略，设定目标利润率为20%，预计销量为50万部。根据目标收益定价法，计算出手机的价格为2 400元。然而，在产品推出后，市场上出现了竞争对手的类似产品，价格更具竞争力，导致该企业的销售量低于预期。为了应对竞争，企业不得不调整价格策略，降低价格以提高市场竞争力。

（三）边际成本定价法

1. 基本含义

边际成本定价法是在变动成本基础上加上预期边际贡献来确定价格。边际成本是指每增加或减少单位产品所引起的总成本变化量。企业以变动成本作为定价基础，只要定价高于变动成本，就可以获得边际收益，用以抵补固定成本，剩余即为盈利。例如，在电力行业，当用电量增加时，发电企业的边际成本主要是燃料成本等变动成本。如果发电企业以边际成本定价，可以在满足市场需求的同时，获得一定的边际收益。

2. 决策依据

只要定价高于变动成本，企业就可获得边际收益。例如，某企业生产一种文具，变动成本为 5 元 / 件，企业预计边际贡献为 2 元 / 件，则定价为 7 元 / 件。当销售量增加时，企业可以通过获得的边际收益来抵补固定成本，实现盈利。

3. 局限性与注意事项

局限性。边际成本定价法需要考虑长期成本和市场竞争。虽然在短期内可以通过定价高于变动成本获得边际收益，但如果长期按边际成本定价，可能无法覆盖全部成本，导致企业亏损。此外，如果市场竞争激烈，其他企业可能以更低的价格竞争，使企业难以维持边际成本定价策略。

企业在采用边际成本定价法时，需要准确核算变动成本和边际贡献，同时要关注市场竞争状况和长期成本趋势。例如，企业可以在市场需求旺盛、竞争对手较少时采用边际成本定价法，以快速占领市场份额，但在市场竞争激烈或成本上升时，要及时调整定价策略。

二、需求导向定价法

（一）认知价值定价法

1. 消费者认知价值的形成

消费者的认知价值往往受到多种因素的影响。产品质量是关键因素之一，高质量的产品通常会被消费者赋予较高的价值。例如，某知名电子产品品牌，以其卓越的性能和可靠的质量，在消费者心中树立了高端的形象，消费者愿意为其支付较高的价格。品牌也是影响认知价值的重要因素，具有良好品牌声誉的产品往往能获得更高的价格认可。如一些奢侈品牌，凭借其悠久的历史、精湛的工艺和独特的设计，在消费者心中形成了强大的品牌号召力，消费者为了彰显身份和品位，不惜花费高昂的价格购买。此外，优质的服务也能提升消费者的认知价值。比如，某些高端家电品牌提供全方位的售后服务，包括免费安装、长期保修、定期回访等，让消费者在购买产品的同时，感受到贴心的关怀，从而提高了对产品的认知价值。

2. 确定认知价值的方法

市场调研是确定消费者认知价值的重要手段。企业可以通过问卷调查、焦点小组访谈、深度访谈等方式，了解消费者对产品的看法、需求和期望价格。例如，一家化妆品公司在推出新系列产品之前，进行了大规模的市场调研，邀请了不同年龄、性别、收入水平的消费者参与,了解他们对产品功效、包装、品牌形象等方面的认知,以及愿意为产品支付的价格范围。消费者访谈也是一种有效的方法,可以深入了解消费者的购买动机和决策过程。比如,汽车经销商在销售高端车型时,会与潜在客户进行一对一的访谈,了解他们对车辆性能、配置、售后服务等方面的需求和期望价值,从而为产品定价提供参考。

3. 实施步骤与要点

首先,企业需要深入了解消费者的认知和需求,通过市场调研、消费者访谈等方式,收集消费者对产品的评价、期望价格等信息,然后,根据收集到的信息,确定产品的价格区间。在确定价格区间时,要综合考虑产品的成本、市场竞争状况、品牌定位等因素。例如,一家高端餐厅在定价时,既要考虑食材成本、人工成本、租金等经营成本,又要考虑周边竞争对手的价格水平,以及自身的品牌定位和目标客户群体的消费能力。最后,根据市场反馈和销售情况,适时进行价格调整。如果产品销售情况良好,市场需求旺盛,可以适当提高价格;如果销售情况不佳,市场需求疲软,可以考虑降低价格或推出促销活动。

4. 案例展示

某高端手表品牌,通过精准的市场定位和品牌营销,在消费者心中树立了高品质、高品位的形象。该品牌在定价时,充分考虑了消费者的认知价值,将产品价格定在较高水平。同时,通过限量版发行、定制服务等方式,进一步提升了产品的稀缺性和独特性,增强了消费者对产品的认知价值。该品牌的成功案例表明,认知价值定价法可以帮助企业在高端市场中获得竞争优势,实现利润最大化。

(二)需求差异定价法

1. 依据的需求差异因素

消费者群体差异。不同消费者对价格敏感度不同。高收入消费者通常对价格不太敏感,更注重产品的品质、品牌和服务。他们愿意为高品质的产品支付较高的价格,以满足自己的消费需求和心理需求。例如,一些高端奢侈品品牌的目标客户主要是高收入人群,这些品牌的产品价格往往较高,但仍然受到消费者的青睐,而低收入消费者则对价格较为敏感,他们更注重产品的性价比,会在价格和品质之间进行权衡。例如,一些大众消费品品牌会推出价格较为亲民的产品,以满足低收入消费者的需求。

产品形式差异。不同款式、功能产品价格不同。产品的款式和功能是影响价格的重要因素。一般来说,款式新颖、功能强大的产品价格会相对较高。例如,智能手机市场中,新款旗舰机型通常具有更先进的技术、更高的配置和更时尚的外观设计,价格也会比旧款机型和中低端机型高出很多,而一些功能较为简单、款式较为传统的产品价格则会相对较低。此外,产品的包装也会影响价格。精美、高档的包装可以提升产品的形象和价值,从而提高产品的价格。

销售时间差异。销售时间的不同也会导致需求差异,从而影响产品价格。在旺季,市场需求旺盛,产品价格通常会较高。例如,旅游旺季时,酒店、机票、景区门票等价格都会上涨,而在淡季,市场需求疲软,产品价格通常会下降。例如,冬季是海滨旅游的淡季,海边酒店的价格会大幅下降,以吸引游客。此外,一些特殊的时间节点,如节假日、促销活动期间等,也会影响产品价格。企业可以根据不同的销售时间,制定不同的价格策略,以满足市场需求,提高企业的经济效益。

2. 具体定价策略

针对不同的需求差异因素,企业可以制定不同的定价策略。对于消费者群体差异,企业可以采用差别定价策略,针对不同收入水平的消费者制定不同的价格。例如,对于高收入消费者,可以推出高端产品,价格定在较高水平;对于低收入消费者,可以推出性价比高的产品,价格定在较低水平。对于产品形式差异,企业可以采用产品差异化定价策略,根据产品的款式、功能、包装等因素制定不同的价格。例如,对于新款旗舰机型,可以采用高价策略,以体现产品的高端定位和先进技术;对于中低端机型,可以采用低价策略,以满足大众市场的需求。对于销售时间差异,企业可以采用动态定价策略,根据市场需求的变化及时调整产品价格。例如,在旺季提高价格,在淡季降低价格,以提高企业的收益。

3. 实施条件与风险

需求差异定价法的实施需要满足一定的条件。首先,企业需要准确把握市场需求差异,了解不同消费者群体的需求特点、购买行为和价格敏感度等。这需要企业进行深入的市场调研和数据分析,以便制定出合理的定价策略。其次,企业需要具备一定的市场细分能力,能够将市场细分为不同的消费者群体和需求层次,以便针对不同的市场细分制定不同的价格策略。然而,需求差异定价法也存在一定的风险。如果企业对市场需求差异把握不准确,可能会导致价格策略失误,影响产品的销售和企业的经济效益。例如,如果企业对高收入消费者的需求估计过高,将产品价格定得过高,可能会导致产品销量下降;如果对低收入消费者的需求估计过低,将产品价格定得过低,可能会影响企业的利润。此外,需求差异定价法可能会引起消费者的不满。如果消费者发现不同消费者群体之间的价格差异过大,可能会认为企业存在价格歧视,从而对企业产生反感,影响企业的品牌形象。因此,企业在实施需求差异定价法时,需要充分考虑消费者的感受,避免引起消费者的不满。

三、竞争导向定价法

（一）随行就市定价法

1. 适用范围

随行就市定价法适用于竞争激烈的同质商品，如大米、面粉、食用油以及某些日常用品的价格确定。这些商品需求弹性较小，消费者对价格的敏感度相对较低，同时市场供求基本平衡，企业难以通过价格差异来获取竞争优势。

2. 优势与不足

这种定价方法较为稳妥，因为它参考了行业平均价格，容易被消费者接受为"合理价格"。同时，它可以避免企业与竞争对手之间的激烈价格竞争，降低价格战带来的风险。例如，在一些日用品市场，企业采用随行就市定价法，能够保持市场的稳定，与竞争者和平相处。

缺乏灵活性是随行就市定价法的主要缺点。由于企业只是跟随市场平均价格，无法根据自身的成本、产品特点和市场需求变化及时调整价格。在市场环境发生变化时，企业可能会因为无法灵活定价而失去市场机会。

3. 确定随行价格水平

企业可以通过多种方式确定随行价格水平。一种是参考行业中处于领先地位的大企业价格的波动而同水平波动。这些大企业通常在市场上具有较高的知名度和市场份额，其价格变动往往会对整个行业产生影响。另一种是随同行业产品平均价格水准的波动而同水平波动。企业可以通过市场调研、行业报告等渠道了解行业平均价格水平，并根据市场变化及时调整自己的价格。

（二）投标定价法

1. 投标过程中的定价策略

在投标过程中，企业需要根据竞争对手的情况和项目的具体要求制定定价策略。如果企业的实力较强，可以采用略低于竞争对手的价格，以提高中标概率。同时，企业也可以通过提供优质的产品和服务，以及合理的售后服务承诺来增加自己的竞争力。例如，在建筑工程投标中，企业可以根据项目的规模、难度、工期等因素，结合竞争对手的报价情况，制定出具有竞争力的价格。

2. 影响投标价格的因素

企业的成本是影响投标价格的重要因素。企业需要准确核算项目的成本，包括材料成本、人工成本、设备成本等，以确保投标价格能够覆盖成本并获得一定的利润。

竞争对手的报价也是影响投标价格的重要因素。企业需要通过市场调研、分析竞争对手的历史报价等方式，了解竞争对手的报价策略和价格水平，以便制定出合理的投标价格。

项目的需求也是影响投标价格的因素之一。不同的项目对产品或服务的要求不同，企业需要根据项目的具体需求，提供相应的产品或服务，并制定出合理的价格。

3. 案例解读

某企业在参与一项政府工程的投标中，通过深入分析竞争对手的报价情况和项目需求，制定了合理的定价策略。该企业在保证产品质量和服务水平的前提下，将价格定在略低于竞争对手的水平，最终成功中标。这个案例表明，在投标过程中，企业需要综合考虑各种因素，制定出合理的定价策略，以提高中标概率。

四、密封投标定价法

1. 特点与流程

密封投标定价法的特点是企业在密封的条件下报价，价低者中标。这种定价方法主要用于招标竞标的情况下，企业在对其竞争对手了解的基础上定价。其流程一般包括招标、投标和开标等几个步骤。首先，招标方发布招标公告，征集投标者。招标方需要制定招标书，明确招标项目的名称、数量、质量要求、工期等约束条件，并确定底标。底标可以是明标，供投标者报价时参考，也可以是暗标，在公证人监督下密封保存，开标时当众启封。其次，投标者应根据招标书的要求，在密封的条件下提交投标书。投标者需要根据自身的成本和市场情况，确定投标价格，并在标书中明确产品或服务的质量、工期、售后服务等承诺。最后，招标方在规定时间内召集所有投标者，将报价信函当场启封，选择其中最有利的一家或几家中标者进行交易，并签订合同。

2. 定价决策的考虑因素

（1）成本。企业在密封投标定价时，需要准确核算产品或服务的成本，包括直接成本和间接成本。只有在确保投标价格能够覆盖成本的前提下，企业才能获得利润。

（2）预期利润。企业需要根据自身的目标利润和中标概率，确定合理的预期利润。如果预期利润过高，可能会导致投标价格过高，降低中标概率；如果预期利润过低，虽然中标概率可能会提高，但企业的利润空间会受到限制。

（3）中标概率。中标概率是企业在密封投标定价时需要考虑的重要因素。企业需要通过市场调研、分析竞争对手的报价情况等方式，估计自己的中标概率。一般来说，报价越低，中标概率越高，但利润空间也会相应减小。因此，企业需要在成本、预期利润和中标概率之间进行权衡，确定最优的投标价格。

任务三 定价策略

一、新产品定价策略

新产品定价策略有撇脂定价策略、渗透定价策略、满意定价策略。

（一）撇脂定价策略

企业把新产品推向市场时，利用顾客的猎奇心理，在产品生命周期的初期加大营销投入力度，采取相对高价的定价策略。像撇取牛奶中的脂肪一样，企业先从中取得一部分高额利润。随着市场的扩大和规模经济的形成，企业的成本下降，有了更大的盈利空间，这时企业会逐渐把价格降下来，迎合大众市场的需求，这就是所谓的撇脂定价策略。这种定价策略的最大优点是以高价、小批量的形式逐步推进战略能够使企业随时了解市场反应并及时采取对策，从而避免新产品大批量生产带来的风险。相对而言，这种策略的缺点是没有说明具体价格是如何制定的，也不知道价格定在多高为宜。因此，企业要确定一个合适的价格，并结合其他定价方法，如感知价值定价法。此外，这种策略容易导致更多的厂商进入市场，最终引发激烈的竞争，如手机行业。不过，总体来说，撇脂定价策略给企业提供了一种思路，即价格先高后低。如果应用得当，该策略可以为企业带来丰厚的利润，但前提是产品必须能够吸引目标顾客，也就是新产品可以带给顾客更高的感知价值。

农产品企业在实施撇脂定价策略时，应考虑市场需求、成本、竞争状况以及品牌影响力等因素，以确保定价策略的有效性和可持续性。同时，应注意市场动态和消费者反应，适时调整定价策略以适应市场变化。

在乡村振兴战略背景下，地标农产品的定价策略尤为重要。地标农产品品牌对外具有排他性和竞争性，但品牌建设政策导向盲目、游资炒作地标农产品现象泛滥、线上销售不规范及品牌维护不到位，导致地标品牌价值未实现。因此，稳定地标农产品市场，实现地标农产品品牌化，完善其定价策略非常关键。

（二）渗透定价策略

这是一种低价格策略，即在新产品投入市场时，以较低的价格吸引消费者，从而很快打开市场。这种价格策略就像倒入泥土的水一样，从缝隙里很快渗透到底。由此而制定的价格叫渗透价格。

渗透定价策略由于价格较低，一方面能迅速打开产品销路，扩大销售量，从外销中增加利润；另一方面能阻止竞争对手介入，有利于控制市场。不足之处是投资回收期较长，如果产品不能迅速打开市场，或遇到强有力的竞争对手时，会给企业造成重大损失。

因此作为一种长期价格策略，一般来说，渗透定价策略适用于能尽快大批量生产、特点不突出、易仿制、技术简单的新产品。

渗透定价策略是一种常见的农产品定价策略，尤其适用于新进入市场的农产品或者市场规模大、竞争激烈的情况。这种策略的核心思想是通过设置较低的价格来吸引消费者，增加市场份额，从而在较长时间内占领市场。渗透定价策略的主要优势在于能够有效地阻止竞争者的加入，并且通过大批量生产来显著降低成本，实现薄利多销。

（三）满意定价策略

满意定价策略是一种介于撇脂定价策略和渗透定价策略中间的一种简便易行的定价策略，即比撇脂定价的价格低，比渗透定价的价格高。在新产品投放市场时制定适中的价格，既能保证企业获得一定的初期利润，又能为广大顾客所接受。由此而制定的价格称为满意价格，也称为"温和价格"或"君子价格"。

二、农产品产品组合定价策略

农产品产品组合定价策略是一种根据产品线中不同产品之间的关系和市场表现来灵活定价的策略。这种策略通常涉及对相关商品按一定的综合毛利率联合定价，以实现产品之间的互补或互替效应，从而增加企业总盈利。以下是一些具体的农产品产品组合定价策略。

（1）产品线定价。根据购买者对同一产品线不同档次产品的需求，设计几种不同档次的产品和价格点。例如，提供不同品质等级的苹果，每个等级都有不同的价格，以满足不同消费者的需求和支付能力。

（2）任选产品定价。在提供主要产品的同时，附带提供任选产品或附件与之搭配。比如，销售新鲜蔬菜的同时，提供各种调料包作为任选产品，以增加消费者的购买选择。

（3）附属产品定价。以较低价销售主产品来吸引顾客，以较高价销售备选产品和附属产品来增加利润。例如，以较低的价格销售一种特色农产品，同时提高与其配套的加工产品或附属产品的价格。

（4）副产品定价法。在生产主产品的过程中，常常有副产品。如果这些副产品对某些客户群具有价值，必须根据其价值定价。副产品的收入多，将使公司更易于为其主要产品制定较低价格，以便在市场上增加竞争力。

（5）捆绑定价。将数种产品组合在一起以低于分别销售时支付总额的价格销售。例如，将蔬菜、肉类和调料捆绑销售，作为一个完整的套餐，以低于单独购买这些商品的总价格。

（6）搭配定价。将多种产品组合成一套定价，比如将不同种类的农产品组合成一个礼盒进行销售。

（7）系列产品定价。不同档次、款式、规格、花色的产品分别定价，以满足不同消费者的需求。

（8）主导产品带动。把主导产品价格限定住，变化其消耗材料的价格，以吸引消费者购买主导产品，并增加消耗材料的销售。

（9）以附加品差别定价。根据客户选择附属品不同，而区别主导产品价格。比如，根据消费者选择的不同包装级别或附加服务，对农产品进行差别定价。

在实施产品组合定价策略时，农产品企业需要考虑产品成本、市场需求、竞争状况和消费者心理等多个因素，以确保定价策略的有效性和竞争力。同时，还需要关注市场供求关系、需求价格弹性以及消费者对产品的认知等因素，以制定出既能实现利润最大化，又能提高消费者满意度的定价策略。

三、地区定价策略

地区定价策略是指企业在销售产品时，根据不同地区的市场情况、成本、竞争态势和消费者购买力等因素，对产品价格进行调整的策略。以下是几种常见的地区定价策略。

（1）产地定价。顾客按照出厂价购买产品，企业只负责将产品运到运输工具上，之后的一切费用和风险由顾客承担。这种方式对于距离产地近的顾客是合理的，但对于距离远的顾客可能不利。

（2）统一交货定价。企业对不同地区的顾客采用相同的价格，不论顾客距离的远近。这种方式简化了定价过程，但可能导致距离远的顾客承担更高的实际成本。

（3）分区定价。企业将市场划分为若干个价格区域，对每个区域内的顾客制定不同的价格。通常，距离企业远的区域价格会高一些，而距离近的区域价格会低一些。

（4）基点定价。企业选定某些地点作为定价基点，所有顾客的价格都根据这些基点到顾客所在地的运费来计算。这种方式可以平衡不同地区的价格差异。

（5）运费免收定价。企业为了打开新的市场或增加销量，愿意承担全部或部分运输费用，从而为顾客提供较低的价格。

（6）差别定价。企业根据不同地区的消费者需求、购买力和竞争状况，为同一产品制定不同的价格。

（7）成本加成定价。企业在产品成本的基础上加上一定的利润，根据不同地区的成本差异来调整价格。

采用地区定价策略时，企业需要考虑多种因素，如物流成本、市场竞争、当地经济状况、法律法规等。合理的地区定价策略可以帮助企业更好地满足不同地区市场的需求，提高市场竞争力，同时也需要注意避免价格歧视和不正当竞争的问题。

四、心理定价策略

心理定价策略是从分析消费者购买心理的角度进行定价，主要有以下几种。

（一）尾数定价策略

尾数定价也称零头定价或缺额定价，即给产品定一个以零头数结尾的非整数价格。大多数消费者在购买产品时，尤其是购买一般的日用消费品时，乐于接受尾数价格，如 0.99 元、9.98 元等。消费者会认为这种价格经过精确计算，购买不会吃亏，从而产生信任感。另外，通过尾数标价，使价格保留在较低一级档次上，会给消费者便宜的感觉。这种策略通常适用于基本生活用品，对于价格需求弹性较大的产品，此策略往往能带来需求量的大幅度增加。

（二）整数定价策略

所谓整数定价策略，是指企业在定价时有意将产品价格定为整数而不要零头的定价策略，如电视机 1 000 元 / 台，汽车 98 000 元 / 辆等。由于人们常有"一分钱，一分货"的心理，因此采用这种定价方式能使人们产生"产品档次高"的印象，提高商品身价，反而有利于商品销售。一般来说，耐用消费品、礼品、高档商品、消费者不太了解或对质量较为重视的产品，均可采用此种定价策略。

（三）声望定价策略

声望定价即针对消费者"便宜无好货"的心理，对在消费者心目中享有一定声望、具有较高信誉的产品制定高价。不少高级名牌产品和稀缺产品，如高档手表、名牌服装、名人字画珠宝古董等，在消费者心目中享有极高的声望价值。购买这些产品的消费者，往往不在意产品价格，而最关心产品能否彰显其身份和地位，价格越高，其心理满足的程度也就越高。

（四）习惯定价策略

有些产品在长期的市场交换过程中已经形成了为消费者所习惯的价格，称为习惯价格。这一价格稍作改动，消费者就会产生不满。企业对这类产品定价时要充分考虑消费者的习惯倾向，采用"习惯成自然"的定价策略。对消费者已经习惯了的价格，不宜轻易变动。降低价格，会使消费者怀疑产品质量有问题；提高价格，会使消费者产生不满情绪和抵触心理，导致购买产品的转移。

（五）招徕定价策略

招徕定价，又称特价品定价，是企业将商品的价格定得低于市场价格，广泛宣传，吸引消费者的注意力，引起消费者的兴趣，满足消费者"求廉"的心理，以吸引顾客、扩大销售的一种定价策略。采用这种策略，虽然几种低价产品不赚钱，甚至低于成本销售，但从总体经济效益看，由于低价产品带动了其他产品的销售，企业还是有利可图的。

（六）分档定价策略

分档定价，是指把同类商品比较，简单分成几个等级或档次。不同等级或档次的商品，其价格有所不同。采取这种定价策略可以简化交易手续，节省顾客时间，使消费者产生一种"货真价实""按照质量论价格"的感觉，因而容易被消费者接受。

五、折扣与让利定价策略

折扣与让利定价策略是企业为了达到特定的营销目的，通过减少产品的正常售价来吸引消费者购买的一种定价手段。这两种策略在具体实施时略有不同，下面分别进行解释。

1. 折扣定价策略

折扣定价是在原有价格基础上直接降低一定比例或金额，以吸引消费者购买。折扣定价策略通常包括以下几种形式。

（1）现金折扣。给予那些能够及时付清账款的顾客一定比例的折扣，目的在于改善企业的现金流状况。

（2）数量折扣。购买数量越多，折扣越大。这可以鼓励顾客大量购买或集中向一家企业采购。

（3）功能折扣。给予某些中间商（如批发商、分销商等）额外的折扣，以补偿其在销售渠道中的功能与贡献。

（4）季节折扣。在淡季时给予折扣，以刺激销售和减少库存积压。

（5）促销折扣。在特定促销活动中提供的折扣，用以增加销量或推广新产品。

2. 让利定价策略

让利定价则是企业为了特定目的而主动降低产品售价，通常有以下几种情况。

（1）市场渗透。企业为了让新产品快速进入市场，获得市场份额，可能会设定较低的价格。

（2）清仓处理。当产品需要清仓处理时，企业会降低价格以快速出售剩余库存。

（3）应对竞争。在面临激烈竞争时，企业可能会通过让利来保持或提升市场份额。

（4）长期合作协议。为了与某些重要客户建立长期合作关系，企业可能会提供优惠价格。

折扣与让利定价策略的共同点在于都能够降低消费者的购买成本，从而刺激需求，增加销售量。不同点在于折扣定价更多是基于价格调整的规则，而让利定价则更多是基于特定情况下的价格协商。

企业在使用这些策略时需要谨慎，要确保折扣和让利不会损害品牌形象，不会导致长期利润受损，并且要考虑到竞争对手的反应和市场整体状况。

六、价格调整策略

价格调整策略是企业在面临市场环境变化、成本波动、竞争状况或消费者需求变动时，对产品或服务的价格进行有计划地调整。以下是几种常见的价格调整策略。

1. 降价策略

成本降低降价：当生产成本下降时，企业可能会降低价格以传递成本节约给消费者。

市场渗透降价：为了快速增加市场份额，企业可能会设定较低的价格以吸引消费者。

促销降价：在特定时期，如节假日或销售淡季，企业可能会通过降价促销来刺激销售。

竞争降价：为了应对竞争对手的价格战，企业可能会降低价格以保持竞争力。

2. 提价策略

成本上升提价：当原材料或生产成本上升时，企业可能会提高价格以保持利润率。

价值提升提价：当产品或服务价值提升，如增加新功能或改善品质时，企业可能会提高价格。

稀缺性提价：对于稀缺或限量产品，企业可能会提高价格以体现其独特价值。

3. 心理定价策略

整数定价：将价格定在一个整数上，如199元而不是200元，利用消费者的心理感觉价格较低。

尾数定价：与整数定价相反，价格以一个较低的尾数结束，如198元，给消费者一种价格更便宜的感觉。

4. 分区定价策略

地理分区定价：根据不同地区的市场情况和消费水平，设定不同的价格。

市场细分定价：针对不同的市场细分，如年龄、收入水平等，制定不同的价格。

5. 折扣和让利定价策略

如前所述，通过提供折扣或让利来吸引消费者购买。

6. 定时定价策略

在特定时间提供优惠，如早晚高峰时段和非高峰时段的价格差异。企业在调整价格时需要考虑以下因素。

市场需求：了解消费者对价格变动的敏感度。

成本结构：分析价格变动对成本和利润的影响。

竞争状况：考虑竞争对手的价格策略和市场反应。

品牌定位：价格调整应与品牌形象和市场定位相符合。

法律法规：确保价格调整遵守相关的法律法规。

价格调整策略的目的是在保持企业竞争力的同时，实现最大化的利润。因此，企业在调整价格时必须谨慎行事，进行充分的市场调研和风险评估。

请扫码答题

项目七　渠道策略

案例先导

这个新品牌为什么能够迅速打开市场局面?

白酒市场竞争之激烈，用"白热化"来形容一点也不为过。然而，某酒厂生产的"琼浆玉液"酒作为一个新品牌，却想迅速进入某市场。循规蹈矩，按常理运作，显然难以奏效，必须另辟蹊径出奇兵才有可能奏效。因此，该酒厂营销部经理制定的营销方案，并不像大多数进入某市场的白酒品牌一样，从终端起步，硬拼竞争对手，而是充分利用渠道力量，结合终端铺货和促销技巧，活用渠道激励，迅速地掌控当地白酒市场的腰部，为品牌快速切入市场打下了良好的基础。

方法一：现金返利。"琼浆玉液"针对分销商直接控制的餐饮网点，推出由分销商执行的盒盖返利政策。过去，分销商只是针对批发和零售的客户，而"琼浆玉液"的现金返利政策极大地推动了分销成员的经营热情。

方法二：分级返利。针对分销商的销量大小，推行分级返利。分销商每完成一件产品的销售，将增加1%的额外利润。

方法三：堆箱促销。针对规模大、人流集中的分销商的商行，销售人员用堆箱、割箱来营造产品的热销局面，并在周末的两天开展针对消费者的有奖游戏、有奖竞猜和有奖销售活动。

方法四：捆绑销售。联合当地市场最畅销的"燕京"啤酒经销商以及众多的燕京啤酒分销成员，达成销售网络共享、促销资金共享、产品联合捆绑销售的意向，并在市内最大的10家餐饮终端推行这个活动。

"琼浆玉液"酒尽管是一个新品牌，名不见经传，然而，经过他们一番认真运作，却迅速打开了市场局面。

（资料来源：李贺，崔庆哲，张祺，《市场营销》，上海财经大学出版社，2022年。）

> **请思考**
> 1. 作为一个名不见经传的新品牌，为什么却迅速打开了市场局面？
> 2. 你觉得该酒厂营销部经理制定的营销渠道激励方案如何？为什么？
> 3. 如果这个方案由你来制定，你准备如何构思运作？为什么？

任务一　分销渠道与中间商

一、分销渠道的含义和类型

（一）分销渠道的含义

分销渠道，也称为销售渠道或分配渠道，是指在商品从生产者转移到最终消费者或用户的过程中，所经过的所有中间环节和通道。它涉及一系列的组织和个体，这些组织和个体共同工作，通过买卖交易，促使商品和服务有效地从生产者传递到消费者手中。

分销渠道的含义主要包括以下几个方面。

（1）完整的产品流通过程。分销渠道涵盖了从生产者到消费者的整个产品流通过程，不仅仅是单一的交易或阶段。

（2）中间商的参与。分销渠道中的积极参与者是各种类型的中间商，包括批发商、零售商、代理商等。这些中间商在产品从生产领域向消费领域转移的过程中发挥着重要作用。

（3）所有权的转移。分销渠道中，商品所有权的转移是核心环节。生产商通过中间商将产品转卖给消费者，所有权随之转移。

（4）创造价值。分销渠道通过完成其系统功能，为最终消费者创造价值，如提供产品信息、降低购买风险、方便购买等。

（5）经济功能的协调与优化。分销渠道还承担着调整经济方面的不一致现象和弥补各种缺口的重要职能，如解决生产者与消费者之间的空间分离、时间分离、所有权分离和信息分离等问题。

总的来说，分销渠道是市场营销中不可或缺的一部分。它帮助生产者解决产品销售的问题，同时也为消费者提供方便快捷的购买途径。通过有效的分销渠道策略，企业可以更好地满足消费者需求，提高市场竞争力。

（二）分销渠道的类型

分销渠道的类型可以根据是否经过中间商、中间商的层级数量、渠道的宽度以及渠道的管理方式等不同标准来分类。以下是几种常见的分销渠道类型。

（1）直接分销渠道。这种渠道没有中间商参与，产品由生产者直接销售给消费者。直接分销渠道的形式包括生产者直接销售、派员上门推销、邮寄、电话销售、电视直销及网上销售等。

（2）间接分销渠道。这种渠道包含一级或多级中间商，产品通过一个或多个商业环节销售给消费者。常见的间接分销渠道包括以下几种。一级渠道：生产者→零售商→消费者；二级渠道：生产者→批发商→零售商→消费者；三级渠道：生产者→批发商→代理商→零售商→消费者。

（3）长渠道与短渠道。根据流通环节的多少，分销渠道可以分为长渠道和短渠道。长渠道包含多个中间环节，而短渠道包含较少的中间环节。

（4）宽渠道与窄渠道。渠道的宽度取决于在每个环节中使用同类型中间商的数目。宽渠道意味着使用许多同类型的中间商，而窄渠道则使用较少。

（5）单渠道与多渠道。单渠道是指企业所有产品都通过一种方式销售，如全部通过自己的门市部销售或全部交给批发商。多渠道则是指企业在不同市场或不同产品上采用多种销售方式。

（6）垂直式分销渠道结构。这种渠道结构中，生产商、批发商和零售商形成统一整体。所有权式垂直分销渠道结构：由同一投资系统联合生产和销售单位。管理式垂直分销渠道结构：依赖于某企业规模大、实力强、声誉高而形成的渠道结构。契约式垂直分销渠道结构：通过契约联合不同但相关的生产企业和商业企业。

（7）个别式分销渠道结构。这是一种传统的分销渠道，成员之间关系松弛，通过买卖条件维持联系。

了解和选择合适的分销渠道类型对于企业来说至关重要，因为它直接影响到产品的市场覆盖范围、销售效率以及最终的市场表现。

二、中间商

中间商是指在商品从生产者到最终消费者的流通环节中，帮助完成商品交换和流通的商业机构或个人。他们在分销渠道中扮演着重要的角色，主要功能包括采购、销售、储存、运输、融资、风险承担和信息传递等。

1. 常见的中间商类型

（1）批发商。批发商通常购买大量商品，然后转售给零售商、其他批发商或工业用户。他们不直接面对最终消费者，而是为零售商等提供批量购买和销售的服务。

（2）零售商。零售商直接向最终消费者销售商品。他们通常经营小规模业务，提供多样化商品，满足消费者的日常需求。

（3）代理商。代理商代表生产商或供应商进行销售，但不拥有商品的所有权。他们通常按照协议获得佣金。

（4）经纪人。经纪人在买卖双方之间充当中间人，帮助双方达成交易。他们也不拥有商品的所有权。

（5）经销商。经销商是指购买商品并拥有所有权的中间商，他们通常会承担一定的市场风险。

（6）分销商。分销商类似于批发商，但他们的服务范围可能更广泛，包括市场分析、促销和售后服务等。

（7）进口商和出口商。进口商负责将商品从国外引入国内市场，而出口商则负责将国内商品销售到国外。

（8）物流公司。物流公司负责商品的储存和运输，确保商品从生产地到消费地的有效流通。

（9）批发市场。批发市场是一个集中交易的场所，批发商和零售商在这里进行商品交易。

2. 中间商的作用

减少交易次数：中间商可以减少生产者和消费者之间的直接交易次数，提高效率。

规模经济：通过集中采购和销售，中间商可以实现规模经济。

市场信息传递：中间商收集和传递市场信息，帮助生产者了解市场需求。

承担风险：中间商在商品流通中承担一定的市场风险和信用风险。

提供金融服务：一些中间商还提供信用、融资等服务。

中间商在商品流通中发挥着桥梁和纽带的作用，对促进商品流通、提高经济效益具有重要意义。

任务二　分销渠道策略

一、影响分销渠道选择的因素

（一）产品因素

1. 产品特性

（1）产品的物理化学性质。如产品易损、易腐或对运输和储存条件有特殊要求，可能需要选择更短、更直接的分销渠道，以减少中间环节可能造成的损失。例如，生鲜食品通常采用较短的渠道，直接从生产者处销售给零售商或消费者。

（2）产品的价格。价格较高的产品，如奢侈品，可能更适合选择短渠道，以保持产品的高端形象和提供更好的服务，而价格较低的产品可以通过较长的渠道进行广泛分销，以降低成本。

（3）产品的标准化程度。标准化程度高的产品，如日用品，可以通过较长的渠道进行销售，因为它们不需要太多的专业知识和服务，而定制化产品则可能需要更直接的渠道与客户沟通和提供服务。

（4）产品的技术含量。技术含量高的产品，如电子产品，可能需要专业的销售人员进行讲解和服务，因此更适合选择短渠道销售，而技术含量较低的产品可以通过较长的渠道进行销售。

2. 产品生命周期

（1）投入期。在产品投入期，市场需求较小，产品知名度低，可能需要选择短渠道进行销售，以便更好地控制产品的推广和销售。同时，生产者可以通过与零售商或消费者直接接触，了解市场需求和反馈，改进产品。

（2）成长期。随着产品市场需求的增长，生产者可以逐渐扩大分销渠道，选择更多的中间商进行销售，以提高产品的市场覆盖率。

（3）成熟期。产品进入成熟期后，市场竞争激烈，生产者可以通过多种渠道进行销售，包括传统的分销渠道和新兴的电商渠道等，以满足不同消费者的需求。

（4）衰退期。产品进入衰退期后，市场需求逐渐下降，生产者可以逐渐减少分销渠道，降低成本，或者选择新的产品进行替代。

（二）市场因素

1. 市场规模

市场规模大的产品，如大众消费品，可以通过较长的渠道进行广泛分销，以覆盖更多的消费者，而市场规模较小的产品，如专业设备，可能更适合选择短渠道，直接销售给目标客户。

市场规模的大小还会影响分销渠道的成本和效率。市场规模大的产品可以通过大规模的分销渠道降低成本，提高效率，而市场规模小的产品则需要更加灵活和高效的分销渠道。

2. 市场集中度

如果市场集中度高，即少数几个大客户占据了大部分市场份额，生产者可以选择直接销售给这些大客户，或者通过少数几个中间商进行销售，而如果市场集中度低，即市场上有众多的小客户，生产者可能需要选择较长的渠道进行广泛分销。

市场集中度还会影响分销渠道的谈判能力。如果市场集中度高，大客户的谈判能力强，生产者可能需要给予更多的优惠和支持，而如果市场集中度低，生产者的谈判能力相对较强，可以选择更有利于自己的分销渠道。

3. 市场竞争状况

如果市场竞争激烈，生产者可能需要选择更多的分销渠道，以提高产品的市场覆盖率和竞争力。同时，生产者还需要考虑竞争对手的分销渠道策略，选择与之不同或更有优势的分销渠道。

如果市场上存在垄断或寡头垄断的情况，生产者的分销渠道选择可能会受到限制。在这种情况下，生产者可能需要与垄断者或寡头进行合作，或者选择其他的市场进行销售。

4. 消费者行为

消费者的购买习惯和偏好会影响分销渠道的选择。如果消费者习惯在实体店购买产品，生产者就需要选择传统的分销渠道，如零售商。如果消费者喜欢在网上购物，生产者就需要选择电商渠道进行销售。

消费者的购买频率和数量也会影响分销渠道的选择。如果消费者购买频率高、数量少，生产者可以选择广泛分布的零售商进行销售。如果消费者购买频率低、数量大，生产者可以选择直接销售给大客户或通过批发商进行销售。

（三）企业自身因素

1. 企业规模和实力

企业规模大、实力强的企业可以选择更多的分销渠道，包括直接销售、建立自己的销售网络、与中间商合作等，而企业规模小、实力弱的企业可能只能选择少数几家中间商进行销售，或者通过代理商进行销售。

企业的规模和实力还会影响分销渠道的管理和控制能力。规模大、实力强的企业可以更好地管理和控制分销渠道，确保产品的销售和服务质量，而规模小、实力弱的企业可能需要更多地依赖中间商，对分销渠道的管理和控制能力相对较弱。

2. 企业的营销目标和策略

企业的营销目标和策略会影响分销渠道的选择。如果企业的营销目标是提高市场占有率，可能需要选择广泛的分销渠道，以覆盖更多的消费者。如果企业的营销目标是提高产品的品牌形象和附加值，可能需要选择短渠道，直接销售给高端客户或通过专卖店进行销售。

企业的营销策略也会影响分销渠道的选择。如果企业采用差异化营销策略，可能需要选择独特的分销渠道，以突出产品的特色和优势。如果企业采用成本领先营销策略，可能需要选择低成本的分销渠道，以降低产品的销售成本。

3. 企业的产品组合

企业的产品组合会影响分销渠道的选择。如果企业的产品组合丰富，包括不同类型、不同价格的产品，可以选择多种分销渠道进行销售，以满足不同消费者的需求。

如果企业的产品组合单一，可能只适合选择少数几家分销渠道进行销售。

（四）中间商因素

1. 中间商的类型和特点

不同类型的中间商具有不同的特点和优势，生产者需要根据产品的特点和市场需求选择合适的中间商。例如，批发商通常具有较强的采购和销售能力，可以为生产者提供大规模的销售渠道。零售商则直接面向消费者，能够提供更好的服务和购物体验。

中间商的信誉和实力也是选择分销渠道的重要因素。信誉好、实力强的中间商可以为生产者提供更好的销售服务和支持，降低销售风险。

2. 中间商的成本和利润

生产者需要考虑中间商的成本和利润要求，选择合适的分销渠道。如果中间商的成本和利润要求过高，可能会影响产品的销售价格和竞争力。因此，生产者需要在保证产品销售和服务质量的前提下，选择成本较低、利润合理的中间商。

3. 中间商的服务水平

中间商的服务水平也是选择分销渠道的重要因素。生产者需要选择能够提供良好服务的中间商，如及时供货、订单处理准确、售后服务良好等，以提高客户满意度和忠诚度。

（五）环境因素

1. 经济环境

经济发展水平、通货膨胀率、利率等经济因素会影响分销渠道的选择。在经济繁荣时期，消费者的购买力强，市场需求大，生产者可以选择更多的分销渠道进行销售，而在经济衰退时期，消费者的购买力下降，市场需求减少，生产者可能需要选择更经济、高效的分销渠道。

经济环境还会影响分销渠道的成本和效率。例如，通货膨胀率高会导致运输成本、仓储成本等上升，生产者需要选择更经济的分销渠道来降低成本。

2. 政治法律环境

国家的政治制度、法律法规等政治法律因素会影响分销渠道的选择。例如，一些国家对某些产品的分销渠道有严格的限制和规定。生产者需要遵守这些规定选择合适的分销渠道。

政治法律环境的稳定性也会影响分销渠道的选择。如果政治法律环境不稳定，生产者可能需要选择更灵活、风险较小的分销渠道。

3. 社会文化环境

社会文化因素，如消费者的价值观、生活方式、风俗习惯等，会影响分销渠道的选择。例如，在一些注重传统购物方式的国家，生产者可能需要选择传统的分销渠道，如实体店，而在一些注重便捷购物方式的国家，生产者可能需要选择电商渠道进行销售。

社会文化环境的变化也会影响分销渠道的选择。随着社会的发展和进步，消费者的购物方式和需求也在不断变化。生产者需要及时调整分销渠道策略，以适应市场的变化。

二、可供企业选择的分销渠道策略

在市场营销学中，企业可以选择多种分销渠道策略来将产品或服务推向市场。

（一）广泛性分销渠道策略

广泛性分销渠道策略是指生产者尽可能通过许多适当的中间商来推销其产品。一般情况下，日用消费品和工业生产中的易损易耗品都适合采用此种策略。因为这些产品适用范围广，消费者产生需要时希望能迅速方便地买到，而不计较是不是名牌，也不需要到大商店去购买。

这种策略的特点是生产者同时选择较多的批发商和零售商推销商品，但这些批发商和零售商一般不愿意分担任何广告费用。所以，生产者必须单独负担全部的广告宣传费用。如果在零售环节采取广泛性分销渠道策略，那么在批发环节上也应采取广泛性分销渠道策略与之配合。

（二）选择性分销渠道策略

选择性分销渠道策略则是在给定地理区域内选择适度数量的中间商，这些中间商需符合一定的标准（如商店形象、位置和人员）。这种策略适用于消费者购物和特许商品以及工业配件设备，因为大多数客户都有品牌偏好。制造商保留了一些渠道控制权和品牌形象，通过符合某些标准的商店来销售。

这种策略的特点是生产者和中间商之间的配合较为密切协调。企业采用这种策略时，要有选择地淘汰掉一些没有效率、不得力的中间商。从生产者的角度看，产品可以占有一定的市场，提高控制量，且能降低成本；从中间商的角度看，可以维持一定的产销关系，增加销售额，并能获得一定的利润。

有些生产者在新产品上市时，先采用广泛性分销渠道策略，使新产品能迅速进入市场。一段时间以后，则改用选择性分销渠道策略，逐步淘汰不理想的中间商，以减少费用，保持产品声誉。

（三）独家经营分销渠道策略

独家经营分销渠道策略是指生产者在一定地区、一定时期内，只选择一家中间商推销其产品。企业和中间商双方通过协商签订独家经营合同，规定中间商不得再销售其他竞争者的同类产品，生产者也不得再委托其他中间商经销该种产品。销售品中的特殊品或需要进行售后服务的电器产品，以及需要进行现场操作演示并需介绍使用方法的产品，工业品中的部分产品（如机械产品），多采用这种策略。

采用这种策略，可以使企业易于控制其产品的销售价格。在广告与其他促销活动方面，易于和中间商取得合作。由于发货、运送、结算等手续简便，有利于降低成本、节约费用。

同时，可以提高中间商的推销与经营积极性，加强对消费者的服务，在竞争中可以防止竞争者的介入。这种策略的不足之处是理想的中间商很难物色，要想更换中间商则有可能会失去该市场。对于距离较远的消费者，购买不方便，广告宣传就会形成浪费。

（四）多渠道分销系统

多渠道分销系统是指企业为进入一个或多个客户细分市场分销其产品，而采用两个或多个营销渠道。这种策略可以增加潜在客户并提高销售额和利润，但同时也增加了资源需求和成本。例如，Dell 电脑、Thomas Cook 旅行社、Pandora 珠宝、Apple 和 Burberry 等公司都采用了多级渠道分销模式。

（五）直接销售

直接销售是指企业直接向消费者销售产品，无需通过任何中间商。这种策略适用于买家少、大宗购买、定制产品等情况。例如，亚马逊和卓越采取了网络在线销售图书和光盘的模式。

（六）间接销售

间接销售包括通过批发商、零售商、经销商、合作社机构等中间商进行销售。这种策略可以提供更广泛的地理覆盖范围和更好的售后服务，但可能导致产品价格上涨并失去对营销组合的控制权。

（七）垂直营销系统

垂直营销系统包括企业型、管理型和契约型三种类型。这种系统通过整合上下游产业链，提高渠道效率和控制力。

（八）水平营销系统

水平营销系统强调在同一条分销渠道中增加不同的产品线，以满足不同顾客的需求。

（九）产销联合体模式

这是一种较为特殊的分销渠道模式，涉及生产企业与销售企业之间的紧密合作。在这种模式下，生产企业和销售企业共同参与产品的销售过程，共享市场信息，协同制定销售策略。这种模式适用于那些需要高度协调和合作的产品销售活动。

除了上述基本模式外，企业在选择分销渠道时还需要考虑多渠道合作策略。例如，制造商和线下零售商可以通过单一合作策略、双重合作策略或多重合作策略来共同提高收益水平。这些策略的选择取决于产品的体验性、营销能力以及市场发展阶段等因素。此外，随着电子商务的发展，网络渠道也成为企业不可忽视的分销渠道之一。电子商务渠道可以为企业提供更广阔的市场覆盖范围和更低的交易成本，但同时也要求企业具备相应的在线营销和客户服务能力。企业在选择分销渠道时需要考虑多种因素，包括目标市场的最佳覆盖范围、满足目标市场购买需求的渠道和中间商，以及最具盈利性的渠道。此外，还需要根据产品的类型、市场性质、中介的适用性、目标客户、业务规模、市场规模以及可用资源等因素进行综合考量。

三、分销渠道的管理和调整

对分销渠道的管理某种意义上就是对中间商的管理。企业在确定了中间商以后，应随时检查中间商的经营状况，据此进行综合评价和考核，积极协调产销之间的矛盾，调动中间商的积极性，并根据主、客观环境的变化对分销渠道进行调整。对中间商的管理主要包括对中间商的激励、扶持、评估、调整等几方面的内容。

（一）分销渠道的激励和扶持

（1）向中间商提供物美价廉、适销对路的产品，为中间商的销售打下良好的基础。

（2）合理分配利润。中间商销售商品的主要目的是取得商业利润，企业可通过对中间商的进货数量、信誉、财力、管理等方面进行考查，根据不同情况予以适当的折扣与让利。

（3）协调与中间商的关系。产销矛盾有时是不可避免的。生产者要和中间商结成长期的合作伙伴，就要不断地协调二者关系。一方面，要弄清中间商的需求，如对交货批量、批次、时间长短以及价格有什么要求，是否希望生产者为之代培推销员和进行市场调查；另一方面，要明确自己满足中间商的需求程度。根据可能，将两方面需求结合起来，建立一个有计划的、内行管理的纵向联合销售系统，与中间商共同规划销售目标、存货水平、培训人员以及广告宣传等内容。目的是让中间商感到，作为一个强大的纵向联合销售系统的成员，可以从中获利，从而稳定生产者与中间商的合作关系。

（4）对中间商的扶持主要表现在广告宣传、促销政策、营销培训等方面。例如，有条件地提供广告津贴，采取多样化的促销政策以刺激销售，提供足够的宣传品和礼品，提供专业的营销培训、提升渠道的综合能力，提供技术或全程服务支持等。

（二）分销渠道的评估和调整

1. 对中间商的评估

对中间商的评估主要从经营时间长短、偿还能力、信誉、销售数量、平均存货水平、顾客商品送达时间、损坏的处理、对企业促销的合作、为顾客服务的范围等方面入手。从各方面进行评估以后，对达不到标准的，则应考虑原因及补救方法，并限期达到标准；否则，就将其舍弃。

2. **分销渠道的调整**

市场在不断地变化，分销渠道也应根据变化的市场环境进行适当的调整。调整的方法主要有三种。

（1）增减渠道对象。就是决定增加或减少渠道中的个别中间商。这需要考虑，增加或减少这个中间商对企业的盈利有何影响，这种调整是否会引起连锁反应，会不会引起其他中间商的波动等。

（2）增减某一分销渠道。就是综合考虑市场情况和企业发展情况后，决定增加或减少某一分销渠道。如果企业的生产规模扩大，产品迅速增加，市场扩展，原有的分销渠道难以完成分销任务，这时就应增加渠道；如果某一分销渠道不畅就应考虑淘汰；如果企业的生产规模压缩，渠道过多，就应考虑减少渠道。

（3）调整总体渠道。即改变原有的分销渠道系统。如企业原来是通过中间商销售产品，后改为自己直接销售。这是渠道调整策略中最困难的一种，生产企业应慎重地考虑，并由最高决策层决定。分销渠道改变以后，也要相应地修改市场营销组合的诸多因素，并制定相应的政策措施。

任务三　分销渠道的发展

一、营销渠道趋向扁平化

营销渠道趋向扁平化是指减少商品和顾客接触的中间环节，实现商品和顾客的直接接触，以降低渠道成本，实现生产商与最终消费者的近距离接触，从而实现企业经营的良性发展。

营销渠道扁平化的概念强调的是减少分销渠道中不增值或增值很少的环节。通过这种方式，企业能够降低渠道成本，提高组织效率，实现成本优势和减少中间环节的信息失真。这种趋势旨在通过直接或尽可能少的中间商将产品从生产者传递到消费者，从而增加企业的利润。

渠道扁平化的形式包括直接渠道、有一层中间商的扁平化渠道和有两层中间商的扁平化渠道。直接渠道是最原始的交易方式，表现为生产商直接与顾客进行交易。有一层中间商的扁平化渠道表现为生产商通过一层中间商与顾客进行交易，而有两层中间商的扁平化渠道则表现为生产商通过两层中间商（经销商或代理商）将产品传递给顾客。

渠道扁平化的实施是基于企业的利润最大化目标,利用现代化的管理方法和高科技技术,最大限度地使生产者直接将商品出售(传递)给最终消费者,以减少销售层级,从而实现企业经营的良性发展。

二、渠道发展网络化

营销渠道的网络化是随着互联网技术和电子商务的快速发展而兴起的一种新型营销模式。它利用互联网平台和数字技术,将产品和服务从生产者直接传递给消费者,跨越了传统营销渠道中的多层次中间商环节。网络营销渠道的出现,不仅改变了传统的营销方式,也对企业的营销策略和消费者的购物习惯产生了深远的影响。渠道发展中的网络化指的是企业利用互联网和通信技术,构建全链路供应链网络,以实现产品销售和分销的过程。这一概念的核心在于通过数字化手段,将传统的销售渠道与电子商务等新型渠道相结合,形成一个高效、互联互通的销售网络,从而提高销售效率和市场覆盖能力。

具体来说,渠道网络化包括以下几个方面。

(1)多渠道销售。企业不仅通过传统的实体店销售,还通过电商平台、社交媒体、移动应用等多种渠道进行销售,以满足不同消费者的购物习惯和需求。

(2)供应链整合。通过网络化,企业能够更好地整合供应链资源,实现从生产到销售的无缝对接,提高物流效率,降低库存成本。

(3)数据驱动。渠道网络化强调数据的收集和分析,企业可以通过大数据技术实时了解市场动态和消费者行为,从而优化产品结构和营销策略。

(4)客户关系管理。通过网络化渠道,企业能够更好地与客户建立和维护关系,提供个性化服务,增强客户忠诚度。

(5)市场拓展。渠道网络化有助于企业快速开拓新市场,尤其是对于中小企业来说,通过电商平台可以突破地理限制,实现销售增长。

(6)效率提升。网络化渠道能够提高交易效率,减少中间环节,降低交易成本,同时为消费者提供更便捷的购物体验。

(7)技术创新。随着技术的发展,渠道网络化也在不断融入新的技术元素,如人工智能、物联网、区块链等,以提升渠道的智能化水平和安全性。

总之,渠道发展中的网络化是企业适应数字经济时代、提升市场竞争力的必然趋势。通过构建网络化的销售渠道,企业能够实现更高效、更精准的市场营销,同时为消费者提供更优质的购物体验。

三、虚实结合，即需即供

"虚实结合，即需即供"是一种适应现代市场需求的经营理念和模式，它将线上线下资源进行整合，实现优势互补，同时根据消费者的实际需求，及时、准确地提供产品和服务，提高企业的竞争力和市场占有率。

"虚"主要指虚拟的线上渠道和资源，包括但不限于以下方面。

（1）电子商务平台。企业通过自建官方网站、入驻第三方电商平台等方式，在虚拟空间中展示和销售产品。消费者可以随时随地浏览商品信息、比较价格、下单购买，不受时间和空间的限制。

（2）社交媒体。利用微博、微信、抖音等社交平台进行品牌推广、产品宣传和客户互动。通过发布有吸引力的内容，吸引用户关注，引导用户购买产品或服务。

（3）大数据分析。通过收集和分析线上用户行为数据，了解消费者的需求、偏好和购买习惯，为企业的产品研发、市场营销和客户服务提供决策依据。

"实"则是指实体的线下渠道和资源，主要包括以下几项。

（1）实体店。提供真实的购物环境和产品体验。消费者可以亲自触摸、试用产品，感受产品的质量和性能。实体店还可以提供专业的销售人员，为消费者提供个性化的建议和服务。

（2）物流配送。确保产品能够及时、准确地送达消费者手中。实体的物流网络包括仓库、配送中心、运输车辆等，是实现商品从生产地到消费者手中的重要环节。

（3）售后服务。为消费者提供产品安装、维修、退换货等售后服务。实体的售后服务网点可以让消费者在遇到问题时能够及时得到解决，提高消费者的满意度和忠诚度。

虚实结合就是将线上和线下的优势进行整合，实现优势互补。例如，消费者可以先在网上浏览商品信息、通过比较价格，然后再到实体店进行体验和购买；或者在实体店购买产品后，通过线上渠道进行售后服务和评价。虚实结合可以提高企业的市场覆盖面、提升消费者购物体验、增强企业的竞争力。

四、全渠道零售

全渠道零售是指企业为了满足消费者在任何时候、任何地点、任何方式购买的需求，通过整合实体渠道、电子商务渠道和移动电子商务渠道等方式销售商品或服务，为顾客提供无差别的购买体验。

全渠道零售主要有以下几个特点。

（1）以用户需求为中心。全渠道零售以消费者为中心，提供无缝的购物体验，满足消费者在任何时间、任何地点、任何方式购买的需求。

（2）全渠道运营。企业通过多个渠道与消费者互动，实现商品信息、库存管理、物流配送等方面的高度协同，确保消费者在不同渠道之间切换时能够获得一致、顺畅的购物体验。

（3）渠道整合。企业需要整合线下和在线渠道，提供完整、无缝的在线和离线连接，以及适合消费者习惯的完整购物体验。

（4）全程、全面、全线。全渠道具有全程、全面、全线的特征，即企业采取尽可能多的零售渠道类型进行组合和整合，以满足顾客购物、娱乐和社交的综合体验需求。

总之，全渠道零售的实施有助于企业提升客户满意度、优化成本结构、扩大市场覆盖范围，并通过提供个性化服务来增强用户黏性。

请扫码答题

项目八 促销策略

> **案例先导**

商店与顾客同庆生日扬美名

长沙友谊华侨公司于某年11月中旬开始进行店堂装修,装修后的店堂营业面积扩大了400多平方米,商品品种增加了200余种,并定于元旦重新开业。但开业之前,有一件事却使该公司总经理胡先生为难:焕然一新的"友华"怎样才能吸引更多的顾客呢?时间已到12月26日了,还没有想出什么新点子,胡经理开始焦急起来,连母亲70岁生日也顾不上了。深夜12点钟,他还无法入睡,随手翻起床头一本名为《国外营销术》的书籍,突然看到一篇谈营销主体如何贴近顾客来促销的文章。在他的脑子里,"贴近顾客"与"母亲生日"两者相撞,蓦地迸发出灵感的火花:能不能用"友华"的名义请长沙市区内在历年元旦这天出生的顾客到店里来过生日?一位顾客来过生日,陪着来的就会有两三位,甚至更多……

第二天上班,公司的其他职工听胡经理谈了这个主意后,都认为这是新招,可行,于是他们邀请友华电子联合有限公司作为联办单位,并赶制了一批精巧的生日纪念卡和小礼品,接着又在报纸和电视上打出广告,邀请市内历年元旦出生的市民今年元旦趁"友华"重新开张之际,来店同庆生日和节日。

开业那天,过生日的顾客怀着兴奋的心情,手持身份证排队领取生日礼品。他们三五成群而来,吸引了不少过往行人。这边一人领礼品,其余亲友就逛商店去了。没过多久,店里挤得水泄不通。80岁高龄的曾老先生闻讯后,高兴地说:"我活了80岁,从来没有看到商店为顾客过生日的,今天看到了。"他特地打发60岁的儿子到店里代他庆贺生日,这位花甲老人进店代父亲领了生日纪念品后,又被琳琅满目的商品所吸引,看了这个柜台又看那个柜台,边看边买,出店时,大包小盒地提了一大串。下午2点钟,一个男子手持医院证明来到店里,说他女儿当天上午10点钟才降生。胡经理代表公司向他表示祝贺,并向他的女儿赠送了礼品。他激动地说:"你们给顾客带来了生日的乐趣,把'友华'的美好情意送到了顾客心里。"到下午5点钟,该店共发出生日礼品千余份,而商店的客流量已超过了20万人次,销售额达100万元,相当于过去同期平均销售额的十几倍，创该店历史上的最高纪录，为日后扩大销售奠定了良好的基础。

（资料来源：李贺，崔庆哲，张祺，《市场营销》，上海财经大学出版社，2022年。）

> **请思考**
>
> 1. "商店与顾客同庆生日扬美名"说明了什么？
> 2. 长沙友谊华侨公司营销成功的原因是什么？我们可以从中获得哪些有益的启示？
> 3. 结合乡村企业促销现状，谈谈如何运用促销策略加快企业经营目标的实现。

任务一 促销和促销组合

一、促销的概念与功能

1. 促销的概念

促销是促进产品销售的简称，指企业通过一定的方式，将产品或服务的信息传递给消费者，使其了解并产生兴趣，最后促使其购买本企业产品的一系列活动。

2. 促销的功能

（1）传递信息，强化认知。销售产品是市场营销活动的中心任务，信息传递是产品顺利销售的保证。信息传递有单向和双向之分。单向信息传递是指卖方发出信息、买方接收信息，它是间接促销的主要功能。双向信息传递是买卖双方互通信息，双方都是信息的发出者和接收者，直接促销就有此功效。在双向信息沟通的过程中，一方面，卖方（企业或中间商）向买方（中间商或消费者）介绍有关企业现状、产品特点、价格及服务方式和内容等信息，以此来诱导消费者对产品或劳务产生需求欲望并采取购买行为；另一方面，买方向卖方反馈对产品价格、质量和服务内容、方式是否满意等有关信息，促使生产者、经营者更好地满足消费者的需求。

（2）突出特点，诱导需求。在市场竞争激烈的情况下，同类商品很多，并且有些商品差别微小，消费者往往不易分辨。企业通过促销活动，宣传、说明本企业产品的特色，便于消费者了解本企业产品在哪些方面优于同类产品，使消费者认识到购买、消费本企业产品所带来的利益较大，从而愿意购买本企业产品。

（3）指导消费，扩大销售。在促销活动中，营销者循循善诱的产品知识性介绍，在一定程度上对消费者起到了教育指导作用，从而有利于激发消费者的需求欲望，变潜在需求为现实需求，实现扩大销售之功效。

（4）滋生偏爱，稳定销售。在激烈的市场竞争中，企业产品的市场地位常不稳定，致使有些企业的产品销售此起彼伏、波动较大。企业运用适当的促销方式开展促销活动，可使较多的消费者对本企业的产品滋生偏爱，进而稳住已占领的市场，达到稳定销售的目的。对于消费者偏爱的品牌，即使该类商品需求下降，也可以通过一定形式的促销活动，促使市场对该品牌产品的需求得到一定程度的恢复和提高。

二、促销方式组合

促销方式组合是指企业运用人员推销、广告、公共关系和营业推广四种基本促销方式组合成一个完整的策略系统，使企业的全部促销活动互相配合、协调一致，最大限度地发挥整体效果，从而顺利实现企业目标。

促销组合具体分为两大类：人员促销和非人员促销。非人员促销包括公共关系、营业推广和广告三个方面。其中，人员促销也称直接促销或推式促销，非人员促销也称间接促销或拉式促销。

三、促销的基本策略

不同的促销组合形成不同的促销策略，诸如以人员推销为主的促销策略、以广告为主的促销策略。从促销活动运作的方向来分，有推式策略和拉式策略两种。

（一）推式策略（从上而下式策略）

推式策略以人员推销为主，辅之以中间商销售促进，兼顾消费者的销售促进，把商品推向市场，其目的是说服中间商与消费者购买企业产品，并层层渗透，最后到达消费者手中。

（二）拉式策略（从下而上式策略）

拉式策略以广告促销为主要手段，通过创意创新、高投入、大规模的广告轰炸，直接诱发消费者的购买欲望，由消费者向零售商、零售商向批发商、批发商向制造商求购，自下而上，层层拉动购买。

任务二　广告与人员推销

一、广告策略

（一）广告的含义

广告有广义和狭义之分。广义的广告包括营利性广告（商业广告）和非营利性广告（公益广告）。狭义的广告专指商业广告，是指企业广告主付出一定的费用，通过特定的媒体向目标顾客和公众传播商品或劳务等有关经济信息的大众传播活动。本书所讲广告均指商业广告。

从广告的定义可以看出，广告由三大要素构成：广告主体、广告媒体和广告信息。这三个要素互为条件，缺一不可，共同构成一个有机体。广告是一种有计划、有营利目的的活动，旨在通过广告宣传增强或改变消费者观念，进而诱发或说服其产生购买行为。

（二）广告的特征

1. 传播性

（1）广泛传播。广告旨在通过各种媒介将信息传递给尽可能广泛的受众。无论是传统的大众媒介如电视、广播、报纸、杂志，还是新兴的网络媒介如社交媒体、网站、手机应用等，都能成为广告传播的渠道。例如，一则在热门社交媒体平台发布的广告，可能在短时间内被数以百万计的用户看到。

（2）针对性传播。现代广告越来越注重针对特定的目标受众进行传播。通过市场细分，广告主可以确定产品或服务的潜在消费者的特征，如年龄、性别、地域、兴趣爱好等，然后选择合适的媒介和传播方式。比如针对年轻女性的化妆品广告，可能会选择在女性时尚杂志或者年轻女性用户占比较高的社交平台如小红书上进行投放。

2. 说服性

（1）唤起需求。广告试图唤起消费者对产品或服务的需求。它会强调产品或服务能够解决消费者的问题、满足他们的欲望或者提升他们的生活品质。例如，减肥产品的广告会强调产品能够帮助消费者塑造理想身材，从而唤起那些对自己身材不满意的消费者的购买需求。

（2）引导态度。广告会影响消费者对产品或服务的态度。通过积极宣传、名人代言、用户好评展示等方式，使消费者对产品或服务产生好感和信任。比如，某知名演员代言某品牌手机，会让消费者觉得该手机质量可靠、时尚高端，从而引导消费者形成积极的购买态度。

3. 商业性

（1）营利目的。绝大多数广告的最终目的是促进产品或服务的销售，从而为广告主带来商业利益。无论是直接推销产品，还是建立品牌形象以增加品牌的长期价值，都是为了提高企业的经济效益。例如，可口可乐公司投放大量广告，不仅是为了卖出更多的饮料产品，也是为了巩固其在全球饮料市场的品牌地位，获取更多的利润。

（2）营销手段。广告是营销组合中的重要组成部分。它与产品策略、价格策略、渠道策略相互配合，共同实现企业的营销目标。例如，在新产品上市时，广告可以配合产品的特点进行宣传，吸引消费者的注意，同时配合合适的价格和销售渠道信息，引导消费者购买。

4. 创意性

（1）吸引注意力。在众多信息中，广告需要具有独特的创意才能吸引受众的注意力。创意可以体现在广告的表现形式、文案内容、视觉设计等方面。例如，苹果公司的广告往往以简洁、富有创意的视觉效果和文案，在众多电子产品广告中脱颖而出，吸引消费者的关注。

（2）留下深刻印象。有创意的广告能够让受众留下深刻的印象，从而提高品牌的知名度和记忆度。例如，泰国的一些广告以其独特的故事情节和创意表现手法，即使在广告播放结束后，观众仍然能够清晰地记得广告内容和品牌信息。

（三）广告的功能

1. 显露功能——传达企业及商品信息，给消费者留下商品印象

广告通过各种渠道和形式，将企业名称、历史以及商品的特征、效用、品牌、价格等信息传达给消费者。例如，在电视广告中，精美的画面和生动的解说能够迅速吸引消费者的注意力，让他们对广告中的商品留下初步印象。据统计，每年有超过数十亿的广告投入在电视媒体上，这些广告能够覆盖数以亿计的观众，极大地提高了商品的知名度。报纸广告则以文字和图片相结合的方式，详细地介绍企业和商品的信息，让消费者在阅读报纸的过程中了解到各种商品的上市情况。户外广告如大型广告牌、公交站台广告等，也能在消费者的日常生活中不断地提醒他们广告商品的存在。

2. 认知功能——作为消费者认识商品的工具，提供质量、特点等信息

广告为消费者认识商品提供了重要的工具。通过广告，消费者可以了解商品的质量、特点、用途和价格等信息，从而更好地做出购买决策。例如，一些电子产品广告会详细介绍产品的性能参数、创新技术以及使用方法，让消费者对产品有更深入的了解。汽车广告则通常会展示车辆的外观设计、内饰配置、安全性能等方面的特点，帮助消费者在众多品牌和车型中进行比较。市场调研显示，超过70%的消费者在购买商品前会通过广告了解产品的相关信息。

3. 激发功能——成为激发消费者购买的诱因，影响购买行为

广告能够激发消费者的购买欲望，促使他们采取购买行动。例如，一些广告会采用刺激性的言辞、诱人的画面和优惠活动等方式来吸引消费者。像"限时折扣""买一送一"等促销广告，能够让消费者感到现在购买商品可以获得更多的实惠，从而激发他们的购买欲望。此外，广告还可以通过创造情感共鸣来激发消费者的购买欲望。比如，一些食品广告会通过温馨的家庭场景来唤起消费者的情感需求，让他们联想到与家人一起分享美食的快乐，进而产生购买该食品的冲动。

4. 引导功能——引领消费时尚、提供选择余地、引导文明健康消费

广告在引领消费时尚方面发挥着重要作用。通过展示新产品、新式样和新的消费意识，广告能够迅速流行起来，形成消费时尚。例如，时尚服装品牌的广告常常会推出最新的潮流款式，引导消费者追求时尚。同时，广告也为消费者提供了更多的选择余地。不同品牌和类型的商品广告让消费者可以在众多的产品中进行比较，根据自己的需求和喜好做出选择。此外，广告还可以引导消费者采取文明健康的消费方式。一些环保产品的广告会宣传绿色消费理念，鼓励消费者选择环保、可持续的产品，从而推动社会的文明健康发展。

5. 艺术与教育功能——美化生活环境，培养文明消费观念和行为

优秀的广告作品本身就是一种艺术，能够美化生活环境。例如，一些富有创意和美感的户外广告可以成为城市的一道亮丽风景线，为人们带来视觉享受。同时，广告也具有教育功能，能够培养文明消费观念和行为。通过广告，企业可以传达健康、环保、公益等社会价值观，引导消费者形成正确的消费观念。比如，一些公益广告会倡导节约用水、节约用电等文明行为，让消费者在日常生活中养成良好的消费习惯。此外，广告还可以通过展示文明的消费场景和行为，为消费者树立榜样，促进社会的文明进步。

（四）广告设计的原则

1. 真实性原则

（1）信息准确。广告所传达的产品或服务的信息必须真实可靠。这包括产品的功能、特性、质量、价格等方面。例如，宣传一款手机的电池续航能力为两天，就需要有实际的测试数据作为支撑，不能夸大其词。

避免虚假宣传，不能对消费者进行误导。如果是食品广告宣称有某种特殊功效，如减肥、降血压等，必须有相关的科学依据或者符合国家相关规定。

（2）来源可查。广告中的任何声称，如引用的数据、案例或者专家意见等，都应该有明确的来源。例如，在一则护肤品广告中提到"经过90%的使用者验证有效"，就需要能够提供相关的调查样本、调查机构等详细信息。

2. 合法性原则

（1）遵守法律法规。广告必须遵守国家和地方的广告法规。例如，不能在广告中使用绝对化用语，像"最好""第一"等（特殊情况除外）。对于药品广告，需要遵循严格的药品广告审查制度，不能进行未经批准的疗效宣传。

尊重知识产权，不能抄袭他人的广告创意或者侵犯他人的商标、专利等权益。如果使用他人的图片、音乐等素材，需要获得授权。

（2）遵循社会道德规范。广告内容应符合社会的公序良俗，不能包含色情、暴力、

歧视等不良内容。例如，广告中不能以性别、种族、宗教等因素对人进行歧视性的宣传，也不能传播低俗、恶俗的文化。

3. 创新性原则

（1）创意独特。广告要有独特的创意概念，能够从众多竞争对手的广告中脱颖而出。例如，苹果公司的广告往往以简洁、富有科技感和创意的画面与文案吸引消费者的注意。如早期 iPod 广告中简洁的人物剪影与彩色的 iPod 形成鲜明对比，传达出时尚和个性的概念。

突破传统的思维模式，尝试新的表现手法。比如采用虚拟现实（VR）或增强现实（AR）技术来展示产品，为消费者带来全新的体验。

（2）风格新颖。广告的视觉风格、文案风格等要有新颖性。在视觉上，可以采用独特的色彩搭配、图形设计或者排版方式。例如，可口可乐的广告常常使用鲜明的红色为主色调，搭配活力四射的人物形象，形成了独特的品牌视觉风格。在文案上，可以运用幽默、感性或者富有哲理的文字来打动消费者。

4. 针对性原则

（1）目标受众明确。广告设计之前要对目标受众进行深入的分析。包括受众的年龄、性别、职业、兴趣爱好、消费习惯等。例如，针对年轻女性的化妆品广告，可能会采用时尚、柔美的视觉风格，文案也会侧重于皮肤保养、美丽动人等女性关注的话题。

根据目标受众的特点来选择合适的广告媒介。如果目标受众是老年人，可能电视、报纸等传统媒介会更有效；而如果是年轻的互联网用户，则社交媒体、网络视频等新媒体可能是更好的选择。

（2）满足受众需求。广告要能够满足目标受众的需求，无论是实际的产品功能需求还是情感需求。例如，对于一款运动跑鞋的广告，既要展示跑鞋的专业性能，如减震、防滑等功能，以满足消费者对运动装备的实际需求，又要传达出运动带来的活力、健康、挑战自我等情感价值，满足消费者在情感上对运动的向往。

5. 简洁性原则

（1）信息简洁明了。广告传达的信息应简洁易懂，避免过于复杂的内容。例如，一个快餐品牌的广告可能只需要突出其快捷、美味、实惠的特点，不需要过多讲述品牌的历史或者复杂的制作工艺（除非这些是独特卖点）。

文案要简短精炼，用最少的文字表达最关键的信息。如耐克的"Just Do It"这句广告语，简洁有力地传达了耐克品牌鼓励人们勇于行动、积极进取的精神。

（2）视觉元素简洁。广告的视觉元素应简洁有序，避免画面过于杂乱。例如，在一个汽车广告中，以简洁的汽车造型为主体，搭配简洁的背景和少量的文字说明，让消费者能够迅速聚焦在汽车本身及其关键信息上。

（五）影响广告媒体选择的因素

1. 目标受众相关因素

（1）人口统计学特征。

①年龄。不同年龄阶段的受众对广告的接受度和偏好差异很大。例如，针对青少年的广告可能更多选择在社交媒体平台上投放，广告风格充满活力、时尚且富有创意，因为青少年是社交媒体的活跃用户；而针对老年人的广告可能会选择在传统渠道如电视的养生节目时段投放，广告内容强调健康、稳定等元素。

②性别。性别也会影响广告选择。男性可能对科技、汽车、运动类广告更感兴趣，所以相关广告会更多出现在男性关注的媒体渠道，如体育赛事直播期间的广告时段；女性则可能对美妆、时尚、母婴产品广告更敏感，这类广告常在女性杂志、母婴论坛等女性受众集中的地方投放。

③收入水平。高收入群体可能更多接触高端时尚杂志、豪华汽车杂志等，针对他们的广告往往强调品质、高端、独特性等价值，如奢侈品广告多选择在高端商场、机场候机室等场所投放，或者在高端财经杂志、高尔夫球赛事等渠道做广告；而中低收入群体的广告则侧重于性价比，常出现在平价超市的宣传册、大众消费类网站等地方。

（2）消费心理与消费行为。

①购买动机。如果目标受众的购买动机是追求健康，那么健康食品、健身器材等广告会吸引他们。例如，那些主打有机食材的广告会针对关注健康饮食的消费者，在健康养生类网站或健身俱乐部周边进行广告宣传。

②品牌忠诚度。对于有高品牌忠诚度的受众，已有品牌的广告更多是起到强化品牌形象的作用，广告会选择在已有客户经常接触的渠道投放，如品牌官方网站、会员专属渠道等；而对于低品牌忠诚度的受众，广告需要更多地强调产品优势和差异性，广告投放渠道更广泛，包括竞争对手的周边渠道等。

③消费习惯。针对习惯线上购物的消费者，广告会更多地出现在电商平台、社交媒体电商板块等；而针对习惯线下购物的消费者，实体店周边的广告、传单、商场内的广告展示等会更有效。

2. 产品或服务特性

（1）产品类型。

①实物产品。如家电类产品，由于体积较大、功能复杂，广告可能需要详细的产品演示，因此电视广告、产品官网视频演示等形式比较适合，而像食品类产品，除了电视广告、网络广告外，还可以通过在超市、餐厅等销售场所进行促销广告展示。

②服务产品。服务类产品如旅游服务，广告往往需要展示目的地的美景、游客的体验等，会更多选择在旅游网站、社交媒体旅游板块投放，并且可能会结合用户评价、

旅游达人推荐等内容；金融服务类广告则更多强调安全性、收益性等，常在财经网站、银行网点等地方做广告。

（2）产品生命周期阶段。

①导入期。产品处于导入期时，广告的目的是提高知名度，所以会选择覆盖面广的媒体渠道，如大众电视媒体、热门社交媒体平台等，广告内容注重产品的基本功能和创新性。

②成长期。在成长期，为了扩大市场份额，广告会在目标受众更精准的渠道投放，如行业论坛、专业杂志等，同时广告内容开始强调产品与竞争产品的差异化优势。

③成熟期。成熟期的产品广告更多是为了维持品牌忠诚度，会在品牌自有渠道（如品牌官网、官方App）和老客户集中的渠道（如会员俱乐部）投放，广告内容强调品牌价值和客户服务。

④衰退期。衰退期的产品广告投放量会减少，如果还有广告投放，可能是在处理库存等特殊情况下，选择一些成本较低的渠道，如促销传单、清仓网站等。

3. 广告预算

（1）总体预算规模。如果广告预算充足，企业可以选择多种广告渠道，包括高成本的电视黄金时段广告、大型户外广告等；如果预算有限，则需要更多地考虑性价比高的渠道，如社交媒体的低成本推广、地方小媒体等。

（2）预算分配方式。企业可能根据不同的营销目标分配预算。例如，将大部分预算用于新产品推广的广告，小部分用于维护老产品的品牌形象；或者根据地域分配预算，在主要市场投入更多广告预算，在次要市场投入较少预算。

4. 市场竞争环境

（1）竞争对手的广告策略。如果竞争对手在某个广告渠道投入大量资源并取得了良好效果，企业可能会选择跟进，在同一渠道加大广告投入或者寻找差异化的竞争渠道。例如，当竞争对手在某热门社交媒体平台推出了一系列成功的短视频广告后，企业要么也在该平台推出更具创意的短视频广告，要么选择在其他新兴社交媒体平台开辟新战场。

（2）市场饱和度。在市场饱和度高的情况下，广告需要更加突出产品的差异化和独特价值，广告渠道的选择也更要精准，以吸引那些对现有产品还不满意或者寻求新体验的消费者；而在市场饱和度低的情况下，广告可以更侧重于产品的基本功能和普及性，广告渠道可以相对广泛一些。

5. 媒体特性

（1）媒体受众覆盖范围。如全国性电视台，受众覆盖范围广，适合大型企业推广大众消费品，如可口可乐、宝洁等公司的产品广告；而地方电台则更适合推广当地的特色产品或服务，如当地的特色美食店、小型旅行社等。

（2）媒体传播效果。不同媒体的传播效果不同。例如，视频类媒体能够更直观地展示产品功能和使用场景，适合推广新科技产品；而文字类媒体如报纸杂志等更适合深度解读产品的技术参数、使用指南等内容，对于那些需要详细解释的专业产品（如高端摄影器材）比较合适。

（3）媒体成本。电视广告中的黄金时段成本高昂，但能接触到大量受众；而一些小众网站的广告成本较低，虽然受众数量有限，但如果目标受众定位精准，也能取得较好的效果。

（六）广告效果评估

广告促销效果，也称广告的直接经济效果，它反映广告费用与商品销售量（额）之间的比例关系。广告促销效果的测定，是以商品销售量（额）增减幅度作为衡量标准的。广告促销效果的测定方法很多，这里主要介绍以下5种。

1. 传播效果评估

（1）触达率。触达率指在特定时间段内，接触到广告的目标受众人数占目标受众总人数的百分比。触达率可以衡量广告能够覆盖多少目标受众，是评估广告传播广度的重要指标。例如，一个广告投放于某电视频道，目标受众是年龄在20～35岁的年轻人，总共有100万这样的目标受众，而有30万的目标受众看到了这个广告，则触达率为30%。

（2）曝光次数。曝光次数指广告被展示的次数，反映了广告在受众面前出现的频率，较高的曝光次数有助于提高品牌知名度，但也要结合其他指标来看，因为多次曝光并不一定意味着受众真正关注了广告。在数字广告中，每次广告在用户屏幕上出现都计为一次曝光。例如，一个网页广告在一天内被不同用户浏览了1 000次，曝光次数就是1 000次。

（3）传播范围。传播范围指广告传播所涉及的地理区域、受众群体类型等范围。例如，一个全国性的广告投放活动涉及了各个省份的不同城市，其传播范围就是全国；如果一个广告针对特定的行业人群，如医疗行业从业者，那么其在这个特定群体中的传播就是传播范围的体现。传播范围有助于确定广告是否在预期的范围内进行了有效传播，对于有地域或人群针对性的广告活动尤为重要。

2. 认知效果评估

（1）品牌知名度。品牌知名度指目标受众对品牌名称、标识、产品或服务的知晓程度。可以通过调查（线上问卷、线下访谈、电话调查）来衡量，并询问受访者是否听说过某个品牌。例如，在对1 000名消费者的调查中，有600名消费者表示听说过品牌A，则品牌A在这一调查中的品牌知名度为60%。

品牌知名度是品牌建设的基础，较高的品牌知名度是消费者选择品牌的前提条件之一。

（2）广告记忆度。广告记忆度指受众对广告内容（如广告语、广告画面等）的记忆程度。可以分为无提示回忆和提示回忆。无提示回忆是指受众在没有任何提示的情况下能够想起广告内容；提示回忆是在给予一定提示（如品牌名称）后受众能想起广告内容。在广告投放后的一定时间内对受众进行测试，可以是即时测试，也可以是延迟测试（如投放后一周或一个月）。例如，在无提示回忆测试中，100 名受访者中有 20 名能准确说出某广告的广告语，无提示回忆率为 20%。

广告记忆度反映了广告是否给受众留下深刻印象，记忆度高的广告更有可能影响受众的购买决策。

3. 情感效果评估

（1）品牌形象。品牌形象指受众对品牌的总体印象，包括品牌的个性、价值观、信誉等方面。例如，苹果公司的品牌形象可能是创新、高端、时尚等。积极的品牌形象有助于吸引消费者，提高消费者的忠诚度，并且可以使品牌在竞争中脱颖而出。

品牌形象可通过定性研究评估，如焦点小组访谈，让消费者讨论对品牌的印象；也可以通过语义差异量表调查，让消费者在一系列相反的形容词（如高端与低端、时尚与保守）之间对品牌进行评价。

（2）广告态度。广告态度指受众对广告的喜好、厌恶、信任等态度。例如，有的受众可能觉得某个广告很有趣、有创意，从而对广告持正面态度；而有的受众可能觉得广告过于夸张，持负面态度。受众对广告的态度会影响他们对品牌的态度，如果受众对广告持正面态度，可能会更愿意接受品牌的产品或服务。

广告态度可以采用问卷调查，让受众对广告的各个方面（如广告创意、广告表现形式等）进行评分；也可以进行深度访谈调查，深入了解受众的态度形成原因。

4. 行为效果评估

（1）点击率。在数字广告中，点击率是指点击广告的次数与广告曝光次数之比，反映了广告吸引受众进一步了解产品或服务的能力，较高的点击率意味着广告对受众有较大的吸引力。例如，一个广告曝光了 1 000 次，被点击了 50 次，则点击率为（50/1 000）× 100% = 5%。

（2）购买转化率。购买转化率指完成购买行为的人数与点击广告或接触到广告的人数之比，是衡量广告对销售促进作用的直接指标，是企业最关心的广告效果指标之一。例如，有 100 人点击了某电商产品的广告，其中有 10 人最终购买了产品，则购买转化率为（10/100）× 100% = 10%。

（3）顾客忠诚度。顾客忠诚度指顾客对品牌持续购买和重复购买的倾向。可以通过计算顾客重复购买率、顾客生命周期价值等指标来衡量。例如，某品牌的顾客重复购买率为30%，说明有30%的顾客会再次购买该品牌的产品。忠诚的顾客不仅会持续购买，还会为品牌进行口碑传播，对品牌的长期发展至关重要。

5. 销售效果评估

（1）直接销售增长。直接销售增长用于衡量广告投放前后产品或服务销售量的实际增长情况，能直接反映广告对销售的促进作用，是企业投入广告资源最希望得到的成果体现。例如，某产品在广告投放前一个月销售量为1 000件，投放后的一个月销售量增长到1 200件，直接销售增长量为200件。

（2）市场份额变化。市场份额变化指企业产品或服务在特定市场中的销售额占该市场总销售额的比例在广告投放前后的变化，能显示广告在竞争环境中的效果，有助于判断企业在市场中的竞争地位是否因广告而得到提升。例如，某企业在当地市场原本占10%的市场份额，广告投放后上升到12%。

（七）农产品广告策略

（1）品牌故事营销：通过讲述农产品的起源、种植过程、文化背景等故事，增加农产品的文化内涵，提升品牌形象。例如，福州市闽清县梅溪镇推出的剧本杀《一榄情深》，通过沉浸式体验讲述橄榄文化，提升产品价值。

（2）直播电商：利用网络直播展示农产品的种植、采摘、加工等过程，增加透明度和信任度。直播可以让消费者亲眼所见，提高购买信心，同时参与互动，获得满足感。

（3）文旅融合：将农产品与旅游、文化活动结合，通过体验式营销吸引消费者。例如，通过组织农产品采摘节、文化节等活动，让消费者在体验中了解和认可农产品。

（4）跨界合作：与其他行业品牌合作，通过联名产品、共同营销等方式，拓宽市场和消费群体。

（5）会员生态：建立会员制度，通过定期推送优惠信息、新品试吃、农业知识分享等，培养忠实粉丝群体。

（6）电商平台：利用电商平台进行农产品销售，通过线上购物+农产品+旅游产品模式，实现农产品的品牌化、标准化、信息化和订单化生产。

（7）社群营销：建立以农产品爱好者为主的社群，通过社群销售食材，定期给这些群体提供农产品，增加用户黏性。

（8）认养农业：通过认养模式，让消费者参与到农产品的种植过程中，提高消费者的参与感和满意度。

（9）网红直播+电商平台：利用网红效应，结合电商平台进行农产品营销，通过网红直播体验感觉，增加产品的销售。

（10）直销店：通过建立直销店，减少中间渠道，降低产品单价，提高农产品与用户的互动。

在进行农产品广告时，需要遵守《中华人民共和国广告法》的相关规定，确保广告内容真实、合法，不得含有虚假或者引人误解的内容，不得欺骗、误导消费者。同时，农产品广告也要符合《中华人民共和国农产品质量安全法》的要求，确保农产品质量安全，不得销售不符合国家规定的农产品质量安全标准的农产品。

二、人员推销策略

（一）人员推销的概念及特点

人员推销是企业运用推销人员直接向顾客推销商品和劳务的一种促销活动。在人员推销活动中，推销人员、推销对象和推销品是三个基本要素，前两者是推销活动的主体，后者是推销活动的客体。通过推销人员与推销对象之间的接触、洽谈，让推销对象购买推销品，达成交易，实现既销售商品又满足顾客需求的目的。

人员推销与非人员推销相比，有以下4个优势。

（1）信息传递双向性。人员推销作为一种信息传递形式，具有双向性。在人员推销过程中，一方面，推销人员通过向顾客宣传介绍推销品的有关信息，如产品的质量、功能、使用、安装、维修、技术服务、价格以及同类产品竞争者的有关情况等，以此来达到招徕顾客、促进产品销售之目的。另一方面，推销人员通过与推销对象（顾客）接触，能及时了解顾客对本企业产品或推销品的评价；通过观察和有意识地调查研究，能掌握推销品的市场寿命周期及市场占有率等情况。这样不断地收集信息、反馈信息，可为企业制定合理的营销策略提供依据。

（2）推销目的双重性。人员推销的首要目的是通过提供信息、技术、服务激发推销对象的购买欲望；另一个目的是市场调研。就前者而言，满足顾客的需求是推销人员推销的出发点，推销人员向推销对象（顾客）提供各种服务，帮助顾客解决问题、满足顾客的需求，进而实现推销产品的目的。事实上，推销人员只有做好顾客的参谋，更好地实现满足顾客需求这一目的，才有利于促成购买。就后者而言，推销人员与推销对象（顾客）直接接触，可以了解顾客对本企业产品或推销品的评价等相关信息。因此，企业一般会要求推销人员定期或不定期地交纳市场分析报告。

（3）推销过程灵活性。由于推销人员与顾客直接联系、当面洽谈，可以通过交谈与观察了解顾客，进而根据不同顾客的特点和反应，有针对性地调整自己的工作方法，以适应顾客，诱导顾客购买；另外，还可以及时发现、答复和解决顾客提出的问题，消除顾客的疑虑和不满意感。

（4）友谊协作的长期性。推销人员与顾客直接见面、长期接触，可以促使买卖双方建立密切的关系，易于使顾客对企业产品产生偏爱。如此一来，在长期保持友谊的基础上开展推销活动，有助于建立长期的买卖协作关系，从而稳定地销售产品。

人员推销的缺点主要表现在 2 个方面。

（1）支出较大，成本较高。由于每个推销人员直接接触的顾客有限，销售面窄，特别是在市场范围较大的情况下，人员推销的开支较多，这就增大了产品销售成本，并在一定程度上减弱了产品的竞争力。

（2）对推销人员的要求较高。人员推销的效果直接取决于推销人员素质的高低，并且随着科学技术的发展，新产品层出不穷，对推销人员的素质要求越来越高。推销人员除了应具备营销的才能外，还必须熟悉新产品的特点、功能、使用、保养和维修等知识与技术。因此，对于很多企业来说，要甄选和培养出理想的推销人员比较困难，而且耗费也大。

（二）推销人员的素质

1. 思想道德素质

（1）诚信。这是推销人员最基本的道德要求。在推销过程中，必须如实向顾客介绍产品或服务的信息，包括产品的功能、质量、价格等方面。如果推销人员存在欺骗行为，可能会获得短期利益，但从长远来看，会损害企业的声誉，失去顾客的信任。

（2）强烈的责任心。推销人员要对企业负责，努力推销产品或服务，为企业创造利润；同时也要对顾客负责，确保顾客购买到合适的产品或服务，满足他们的需求。例如，当顾客对产品存在疑问时，推销人员应积极解答，而不是敷衍了事。

2. 心理素质

（1）自信。自信的推销人员能够在顾客面前更好地展示产品或服务的优势。他们相信自己所推销的产品是有价值的，相信自己有能力说服顾客购买。这种自信会通过言行举止传递给顾客，增加顾客对产品和推销人员的信任度。

（2）抗压能力。推销工作往往面临着各种压力，如业绩压力、竞争压力、顾客拒绝压力等。推销人员需要有良好的抗压能力，才能够在压力下保持积极的工作态度，不断寻找解决问题的方法。例如，当多次遭到顾客拒绝时，不会轻易放弃，而是分析原因，调整推销策略。

（3）乐观。乐观的态度有助于推销人员在面对困难和挫折时保持积极向上的心态。他们能够看到市场中的机会，即使在市场不景气的情况下，也能积极寻找潜在顾客，努力达成销售目标。

3. 文化素质

（1）产品知识。推销人员需要深入了解自己所推销的产品或服务的特性、功能、使用方法、生产工艺等。只有这样，才能准确地向顾客介绍产品，回答顾客的各种问题。例如，推销电子产品的人员要了解产品的芯片性能、电池续航能力、操作系统等知识。

（2）行业知识。对所在行业的发展趋势、市场动态、竞争对手情况等有清晰的了解。这有助于推销人员在推销过程中，将自己的产品与竞争对手的产品进行有效的对比，突出自己产品的优势。比如，了解行业内的新技术应用情况，可以在推销时向顾客介绍本企业产品在新技术应用方面的领先之处。

（3）文化知识。具备一定的文化知识，包括历史、地理、文化习俗等方面的知识。这在跨地区或跨国推销时尤为重要，可以避免因文化差异而产生的误解，更好地与不同文化背景的顾客进行沟通。例如，在向国外顾客推销产品时，要了解他们的宗教习俗，避免触犯禁忌。

4. 业务素质

（1）沟通能力。能够清晰、准确、生动地向顾客介绍产品或服务，使用顾客容易理解的语言。例如，根据顾客的文化水平和专业背景，调整介绍产品的用词和方式。也能够认真倾听顾客的需求、意见和反馈，这有助于推销人员更好地了解顾客的想法，从而提供更符合顾客需求的产品或服务。例如，顾客在表达对产品某一功能的不满时，推销人员要耐心倾听并记录下来。

（2）市场分析能力。推销人员要能够分析市场需求、市场潜力、市场细分等情况。通过市场分析，确定目标顾客群体，制定有效的推销策略。例如，分析不同地区、不同年龄段、不同消费层次顾客的需求差异，针对不同的细分市场采取不同的推销手段。

（3）社交能力。善于与各种人打交道，建立良好的人际关系。这不仅包括与顾客的关系，还包括与供应商、同行、媒体等的关系。良好的社交关系可以为推销工作提供更多的机会和资源。例如，通过与同行的交流，了解行业内的最新信息。通过与媒体的合作，提高产品的知名度。

（4）应变能力。在推销过程中，可能会遇到各种突发情况，如顾客提出意外的问题、竞争对手突然推出新的促销活动等。推销人员要能够迅速做出反应，调整推销策略，化解危机。例如，当顾客突然对价格提出异议时，推销人员要能根据顾客的心理和市场情况，灵活地给出解决方案。

（三）人员推销的任务

1. 挖掘和发现潜在顾客

人员推销的任务不仅仅是销售产品给现有顾客，更重要的是通过对产品的宣传，挖掘潜在的需求，开拓新市场。

2. 推销产品

这是推销人员的首要工作，也是最基本的任务。推销人员通过接近消费者，给消费者介绍产品，回答消费者的各种提问，向消费者提供折扣、优惠、服务等信息，从而达到诱导消费者购买产品的目的。

3. 传递、收集信息

推销人员在促销时，要及时给顾客提供各类促销信息，激发顾客的购买欲望。顾客反馈的信息要收集给企业，为企业改进产品和营销手段提供依据。

4. 提供服务

无论是销售前、销售中还是销售后，推销人员都应积极主动地为顾客提供服务，及时解决其遇到的各种问题。

（四）人员推销的基本形式

1. 上门推销

上门推销是最常见的人员推销形式。它是由推销人员携带产品的样品、说明书等走访顾客，推销产品。这种推销形式可以针对顾客的需要提供有效的服务，方便顾客，因此被顾客广泛认可和接受。此种形式是一种积极主动的、名副其实的"正宗"推销形式。

2. 柜台推销

柜台推销又称门市推销，是指企业在适当地点设置固定的门市，由营业员接待进入门市的顾客，推销产品。门市的营业员是广义的推销人员。柜台推销与上门推销正好相反，它是等客上门式的推销方式。由于门市里的产品种类齐全，能满足顾客多方面的购买要求，为顾客提供较多的购买选择，并且可以保证产品安全无损，因此，顾客比较乐于接受这种方式。柜台推销适用于销售零星小产品、贵重产品和容易损坏的产品。

3. 会议推销

会议推销是指利用各种会议向与会人员宣传和介绍产品，开展推销活动。在订货会、交易会、展览会和物资交流会等会议上推销产品均属会议推销。这种推销形式接触面广、推销集中，可以同时向多个推销对象推销产品，成交额较大，推销效果较好。

（五）人员推销的策略与技巧

1. **试探性策略——用刺激性言辞等方式刺激顾客购买欲望**

在人员推销中，试探性策略常常被运用以激发顾客的购买欲望。推销人员可以准备一些具有冲击力的言辞，例如在推销一款高性能的电子产品时，说："这款产品将彻底改变你的生活方式，让你的工作和娱乐效率翻倍！"同时，搭配生动的图片展示产品的外观和功能特点，给顾客带来直观的视觉冲击。还可以设置一些有吸引力的条件，如限时折扣、赠品等，刺激顾客尽快做出购买决策。例如，"现在购买，即可享受八折优惠,还赠送价值*元的配件,机会难得,不容错过!"

2. 针对性策略——针对顾客需求,采用说服方法促成交易

当面对不同需求的顾客时,针对性策略就显得尤为重要。推销人员首先要通过与顾客的交流,深入了解他们的具体需求和痛点。比如,对于一位注重健康的顾客,推销人员在介绍一款健身器材时,可以强调产品的科学性和专业性,"这款健身器材是由专业的运动医学团队研发设计,能够针对不同的身体部位进行精准锻炼,有效提高身体素质,预防各种疾病。"接着,用具体的案例和数据来证明产品的优势和价值,"许多使用过这款健身器材的顾客都反馈,在坚持使用了一段时间后,身体的各项指标都有了明显的改善,体力更充沛了,精神状态也更好了。"通过这种有针对性的说服方法,让顾客认识到产品能够切实满足他们的需求,从而促成交易。

3. 诱导性策略——以刺激反应原理为基础,引导顾客满足需求

诱导性策略以刺激反应原理为基础,旨在引导顾客认识到自己的潜在需求并加以满足。推销人员可以通过展示一些具有吸引力的场景或生活方式,激发顾客的向往和欲望。例如,在推销一款高端家居用品时,展示一个布置精美的家居场景图片,说:"想象一下,在这样舒适优雅的环境中生活,你将感受到无比的惬意和放松,而这款家居用品正是打造这种美好生活的关键。"然后,引导顾客思考自己目前的生活状态,"你是否觉得现在的家居环境还有些不足之处呢?这款产品可以为你带来全新的体验,让你的家变得更加温馨舒适。"通过这种方式,让顾客认识到自己的需求,并产生购买的欲望。

4. SPIN 顾问式销售技巧——通过状况询问、问题询问等步骤明确需求

SPIN 顾问式销售技巧是一种非常有效的销售方法。首先,通过状况询问(Situation Question)了解顾客的现状。比如,在推销一款企业管理软件时,询问:"贵公司目前的管理流程是怎样的?在日常运营中有没有遇到一些效率低下的问题?"接着,进行问题询问(Problem Question),深入挖掘顾客的问题和痛点。例如,"这些效率低下的问题对贵公司的业务发展有哪些影响呢?"然后,通过暗示问题(Implication Question)让顾客认识到问题的严重性。"如果这些问题不及时解决,可能会导致成本增加、客户满意度下降等严重后果,您有没有考虑过如何解决这些问题呢?"最后,进行需求确认问题(Need Pay Off Question),明确顾客的需求并提供解决方案。"我们的这款管理软件可以有效地解决您刚才提到的问题,提高管理效率,降低成本,提升客户满意度。您觉得这款软件对贵公司是否有帮助呢?"

5. FAB 法则——介绍产品属性、作用及给客户带来的益处

FAB 法则在人员推销中起着重要的作用。以一款时尚的服装为例,首先介绍产品的属性(Feature),"这款服装采用了高品质的纯棉面料,柔软舒适,透气性好。"接着说明产品的作用(Advantage),"这种面料不仅穿着舒适,而且不易变形,经久耐穿。"

最后强调给客户带来的益处（Benefit），"穿上这款服装，您会感到无比的舒适自在，同时也展现出您的时尚品位。无论是在工作场合还是休闲时光，都能让您成为众人瞩目的焦点。"通过运用FAB法则，推销人员能够清晰地向顾客传达产品的价值和优势，让顾客更加了解产品，从而提高购买的可能性。

（六）人员推销的程序

1. 发掘顾客

推销人员可以利用普遍寻访法、介绍寻访法、信息查询法等方法，在选取的目标市场上发现新客户。

2. 准备资料

在开展推销活动前，推销人员要积极、主动地搜集目标市场、顾客、本企业商品和其他相关销售商品的资料，分析相关资料，为接触顾客做好准备。

3. 接触顾客

推销人员与顾客直接接触时，务必争取给顾客留下深刻、美好的印象。这时，得体的礼仪和开场白就显得尤为重要。

4. 介绍商品

介绍商品是整个推销过程的中心环节。营销人员向顾客展开销售时常用两种方法。第一种方法是AIDA公式：争取顾客的注意（attention）－引起顾客对产品的兴趣（interest）－激发顾客的购买欲望（desire）－促成交易行动（action）。第二种方法是FABV公式：描述产品的物理特征（features）－产品相对于同类竞争产品的优点（advantages）－产品能给顾客带来的利益（benefits）－产品的综合价值（value）。

5. 排除异议

推销人员在向顾客介绍商品时，顾客提出异议（反对意见）是非常普遍的现象。推销人员必须采取积极态度，正确地看待顾客的异议，并通过解释将拒绝和怀疑变成顾客购买的理由。

6. 达成交易

顾客排除异议，接受了商品后，推销人员应趁热打铁，及时与顾客签订购销合同，实现销售。

7. 售后服务

商品售出后，并不代表推销人员就完成了销售工作。与顾客加强联系，做好售后服务工作，是培养顾客购买偏好的一种有效手段。售后服务是商品售出后企业为顾客提供的一系列服务，包括送货、安装、调试、维修、技术培训、上门服务等。给顾客提供良好的售后服务，不仅可以巩固现有的客户关系，而且通过老顾客的宣传，可以增加更多的新顾客。售后服务已经成为现代企业市场竞争的法宝。

（七）农产品人员推销策略

农产品人员推销策略是一种直接与消费者或客户进行面对面沟通的营销方式，它能够有效地传递产品信息，建立信任关系，并促进销售。

（1）建立信任关系：人员推销的关键在于建立与客户的信任关系。通过提供真实的产品信息、倾听客户需求和反馈，以及提供个性化服务，可以增强消费者对农产品的信任。

（2）产品知识培训：推销人员需要对农产品有深入地了解，包括产品的生长周期、营养价值、烹饪方法等，以便在推销过程中能够回答客户的问题并提供专业的建议。

（3）个性化服务：了解客户的具体需求，提供定制化的服务。例如，针对健康意识强的消费者，可以推销有机农产品；对于有特定口味偏好的消费者，可以推荐特定品种的农产品。

（4）试用和品尝：提供产品试用或品尝机会，让消费者亲身体验产品的品质和口感，这有助于增强购买意愿。

（5）故事营销：讲述农产品的背后故事，如种植过程、农民的故事等，可以增加产品的附加值，提高消费者的购买兴趣。

（6）建立长期关系：通过定期的跟进和沟通，维护与客户之间的长期关系，这有助于转化为重复购买和口碑推荐。

（7）利用数据分析：收集和分析客户数据，了解客户的购买习惯和偏好，以便更精准地进行推销。

（8）参加展会和市场活动：在农产品展览会或市场活动中积极推广产品，利用这些平台增加产品的曝光率和接触潜在客户的机会。

（9）提供售后服务：优质的售后服务可以增加客户的满意度和忠诚度，例如提供退换货服务、解答客户使用中的疑问等。

（10）利用数字工具：使用CRM系统或其他数字工具来管理客户信息，跟踪销售机会，并优化推销策略。

（11）培训和激励推销团队：定期对推销团队进行培训，提高他们的销售技巧和产品知识。同时，通过激励机制鼓励团队达成销售目标。

（12）多渠道整合：将人员推销与其他营销渠道（如社交媒体、电子商务平台等）相结合，以提高整体营销效果。

农产品人员推销策略，强调了与顾客建立长期关系，培养一批忠诚的顾客群的重要性。同时，农产品营销的促销策略中也包括了人员推销，这表明人员推销是农产品营销中的一个重要组成部分。在乡村振兴战略背景下，农产品品牌推广体系的构建也被提上日程，这为人员推销提供了更多的市场机会和策略选择。

任务三　营业推广与公共关系

一、营业推广策略

（一）营业推广的含义及特征

1. 营业推广的含义

所谓营业推广，又称销售促进，是指企业在特定时间内，运用各种短期的刺激活动，突然、强烈、迅速地刺激特定对象，促使其立即做出反应，迅速大量购买企业产品或服务的特别方式。

营业推广作为一种非人员促销手段，近年来的发展速度很快；尤其是在消费者市场，作为一种有效的促销工具，使企业能够在短期内迅速扩大销售。

营业推广多用于一定时期、一定任务的短期特别推销。其着眼点往往在于解决一些更为具体的促销问题，短期效益比较明显。

2. 营业推广的特征

（1）短期性。短期性是营业推广的最主要特点。一般来说，企业只要能选择合理的营业推广方式，很快就会收到明显的增销效果，而不像广告和公共关系那样需要一个较长的时期才能见效。营业推广更适用于新产品上市、节假日等短期内进行促销。

（2）辅助性。人员推销、广告和公共关系都是常规性的促销方式，而多数营业推广方式则是非正规性和非经常性的，只能是常规性促销方式的补充方式，一般配合其他方式一起使用，用于解决一些更为具体的营销问题。

（3）逆反性。采用营业推广方式促销，有时会使顾客产生"机会难得，时不再来"之感，打破了消费者需求动机的衰变和购买行为的惰性，产生迅速购买。但是，营业推广若频繁使用或使用不当，往往会引起顾客对产品质量、价格产生怀疑，给顾客带来逆反心理。因此，企业在开展营业推广活动时，要注意选择恰当的方式和时机。

（二）营业推广的方式

营业推广的方式多种多样，企业不可能在一次活动中全部使用。因此，企业应根据各种方式的特点、促销目标、市场类型及竞争状况等因素选择适合本企业的营业推广方式。这里主要介绍以消费者为对象、以中间商为对象和以企业推销人员为对象三种不同的营业推广方式。

1. 以消费者为对象的营业推广方式

以消费者为对象的营业推广方式促销的对象是最终购买者，因此是最直接的促销方式，使用频率也很高。使用这种方式可以留住老顾客、吸引新顾客，以及动员顾客购买新产品或更新设备,引导顾客改变购买行为习惯,或培养顾客对本企业的偏爱等。其具体的推广方式及主要营销目的如表8-1所示。

表8-1 以消费者为对象的营业推广方式

序号	具体推广方式	主要营销目的
1	赠送样品	有利于介绍、推销新产品
2	赠送代金券	有利于刺激消费者使用老产品,也可以鼓励消费者认购新产品
3	包装兑现	有利于推行企业的绿色营销观念,树立良好的企业社会形象
4	提供赠品	有利于刺激高价商品的销售
5	商品展销	有利于集中消费者的注意力,刺激消费者的购买欲望
6	有奖销售	有利于吸引消费者的注意与参与
7	降价销售	有利于维系与企业关系密切的老顾客,并吸引一定的新顾客

2. 以中间商为对象的营业推广方式

把产品卖给消费者的是中间商,在终端逐渐下沉的渠道发展趋势下,生产商应通过各种促销策略提高中间商的积极性,带动终端消费的提升。其具体的推广方式及主要营销目的如表8-2所示。

表8-2 以中间商为对象的营业推广方式

序号	具体推广方式	主要营销目的
1	购买折扣	有利于刺激、鼓励中间商大批量购买本企业产品
2	促销资助	有利于刺激中间商为本企业产品进行广告宣传,带动终端消费
3	经销奖励	有利于刺激中间商中业绩突出者加倍努力,更加积极主动地经销本企业产品
4	推销竞赛	有利于在中间商中形成竞争氛围,刺激其帮助企业完成销售目标
5	特许经销	有利于培养与企业志同道合的经营者

3. 以企业推销人员为对象的营业推广方式

以消费者为对象和以中间商为对象的营业推广方式是企业针对外部开展的,而针对企业推销人员的营销推广方式是企业内部的促销行为,其目的是培养员工的经营意识,提高整体销售队伍素质,实现企业经营目标。其具体的推广方式及主要营销目的如表8-3所示。

表8-3 以企业推销人员为对象的营业推广方式

序号	具体推广方式	主要营销目的
1	红利提成	有利于促进销售人员提高销售业绩
2	特殊推销金	有利于推动销售人员努力促销本企业产品

（续表）

序号	具体推广方式	主要营销目的
3	销售人员培训	有利于提高销售人员的综合素质，达到提高销售业绩的目的
4	销售人员竞赛	有利于在销售队伍中形成积极向上的竞争氛围

（三）营业推广的实施步骤

企业在运用营销推广方式时，一般经过确定促销目标、选择合适的促销方式、制定促销方案、实施和控制促销方案等步骤。

1. 确定营业推广目标

针对消费者：鼓励消费者更多地使用商品和促进大批量购买；争取未使用者试用，吸引竞争者品牌的使用者。

针对零售商：吸引零售商经营新的商品品目，维持较高水平的存货，鼓励他们购买落令商品，贮存相关品目，抵消各种竞争性的促销影响，建立零售商的品牌忠诚度并获得进入新零售网点的机会。

针对销售队伍：鼓励他们支持一种新产品或新型号，激励他们寻找更多的潜在顾客和推销这款商品。

2. 选择营业推广工具

可以灵活有效地选择各种方式，如折扣、赠送样品、推销奖励等。

根据目标群体的不同，选择适当的推广工具，例如针对消费者可以通过抽奖、赠送优惠券等方式进行推广。

3. 制定营业推广方案

制定营业推广方案时须考虑费用预算、参加者的条件、促销措施的分配途径和促销时间等因素。方案应明确目标、战略和简要的时间和成本细节，但要避免过多细节。方案制定过程中需要与消费者和零售商沟通，确保方案的可行性。并通过邀请典型消费者进行测试，根据测试结果调整方案。

4. 方案试验

对面向消费者市场的营业推广进行预试，邀请消费者对几种不同的优惠办法作出评价和分析，也可以在有限的地区进行试用性测试。

5. 实施和控制营业推广方案

实施期限包括前置时间和销售延续时间。前置时间是指开始实施方案前所必需的准备时间，包括最初的计划工作、设计工作以及包装修改的批准或者材料的邮寄或配送；配合广告的准备工作和销售材料；通知现场推销人员，为个别的分店建立特区的配额，购买或印刷特别赠品或包装材料，预期存货的生产，存放到分配中心准备在特定的日期发放。

销售延续时间是指从开始实施到大约 95% 的采取此促销办法的商品已经在消费者手里所经历的时间。

6. 评价营业推广结果

最常用的一种评价方法是将营业推广前、推广中和推广后的销售进行比较，有长期效益评估（定性或定量）和短期效益评估（推广前后销售情况比较）两种方法。

7. 持续改进

根据评估结果，对营业推广策略进行必要的调整和优化。这可能包括改变促销工具、调整目标市场或改进执行流程等。持续改进是确保营业推广活动长期有效性的关键。

通过以上步骤，企业可以系统地实施营业推广活动；并通过不断地评估和调整，确保推广活动能够达到预期的效果。

二、公共关系策略

（一）公共关系的含义及特征

1. 公共关系的含义

公共关系是指组织为改善与社会公众的关系，增进公众的认识、理解及支持，树立良好形象，实现其与公众的共同利益与目标的管理活动。

公共关系的主体既可以是组织，也可以是个人。公共关系客体（对象公众）也很广泛，既包括组织内部公众，如股东、员工等，也包括外部公众，如顾客、新闻媒体、金融机构、政府、业务伙伴、竞争者等。

企业的公共关系形象包括产品形象、服务形象、员工形象和环保形象等。良好的公共关系形象无疑是企业的无形资产，可有效促进企业与顾客及合作伙伴的沟通，增强企业的核心竞争力。

2. 公共关系的特征

公共关系是一种社会关系，但不同于一般社会关系，具有如下特征。

（1）双向信息沟通。公共关系是企业和相关社会公众之间的一种双向信息沟通活动，是创造"人和"的艺术。公共关系追求的是企业内部和企业外部人际关系的和谐统一。企业通过公共关系活动听取公众意见，接受公众监督，有利于帮助企业树立良好的形象，在竞争中占据主动地位。

（2）长期促销效应。公共关系的最终目的是促进产品销售，提高市场竞争力。从表面上看，企业公共关系仅仅是为了建立良好的形象，其促销性似乎并不存在。但是，从本质上看，公共关系是一种隐形的、长期的促销方式。通过公共关系，企业塑造了良好的社会形象，必然也会带动和促进自身产品的销售。

（3）社会公众范围广泛。企业营销活动中存在着广泛的社会关系，不仅包含与顾客的关系，还涉及诸多社会公众，如供应商、中间商、竞争者、信贷机构、保险机构、政府部门和新闻媒体等。良好的社会关系是企业成功的保证之一。所谓企业公关，就是要同社会公众建立并保持良好关系。

（二）公共关系的活动方式

公共关系的活动方式是指以一定的公关目标和任务为核心，将若干种公关媒介与方法有机地结合起来，形成一套具有特定公关职能的工作方法系统。按照公共关系的功能不同，公共关系的活动方式可分为5种。

（1）宣传性公关。这是指运用报纸、杂志、广播、电视等各种传播媒介，采用撰写新闻稿、演讲稿、报告等形式，向社会各界传播企业有关信息，以形成有利于企业形象的社会舆论导向。这种方式传播面广，对推广企业形象效果较好。

（2）征询性公关。这种公关方式主要是通过开办各种咨询业务、制定调查问卷、进行民意测验、设立热线电话、聘请兼职信息人员、举办信息交流会等各种形式，逐步形成效果良好的信息网络，再将获取的信息进行分析研究，为经营管理决策提供依据，为社会公众服务。

（3）交际性公关。这种方式是通过语言、文字的沟通，为企业广结良缘，巩固传播效果，可采用宴会、座谈会、招待会、谈判、专访、慰问、电话、信函等形式。交际性公关具有直接、灵活、亲密、富有人情味等特点，能深化交往层次。

（4）服务性公关。这是指通过各种实惠性服务，以行动去获取公众的了解、信任和好评，以实现既有利于促销又有利于树立和维护企业形象与声誉的活动。企业可以通过多种方式为公众提供服务，如消费指导、消费培训、免费修理等。事实上，只有把服务提到公关这一层面上来，才能真正做好服务工作，也才能真正把公关转化为企业全员行为。

（5）赞助性公关。赞助性公关是通过赞助文化、教育、体育、卫生等事业，支持社区福利事业，参与国家、社区重大社会活动等形式来塑造企业的社会形象，提高企业的社会知名度和美誉度的活动。这种公关方式的公益性强，影响力大，但成本较高。企业的赞助活动可以是独家赞助（或称单一品牌赞助），也可以是联合赞助。

（三）公共关系的工作程序

开展公共关系活动，其基本程序包括调查、计划、实施、检测4个步骤。

（1）公共关系调查。它是公共关系工作的一项重要内容，是开展公共关系工作的基础和起点。通过调查，能了解和掌握社会公众对企业决策与行为的意见。据此，可以基本确定企业的形象和地位，可以为企业监测环境提供判断条件，为企业制定合理决策提供科学依据等。公关调查内容广泛，主要包括企业基本状况、公众意见及社会环境三方面内容。

（2）公共关系计划。公共关系是一项长期性工作，合理的计划是公共关系工作持续高效的重要保证。在制定公关计划时，要以公关调查为前提，依据一定的原则来确定公关工作的目标，并制定科学、合理、可行的工作方案，如具体的公关项目、公关策略等。

（3）公共关系的实施。公关计划的实施是整个公关活动的"高潮"。为确保公共关系实施的效果最佳，正确地选择公共关系媒介和确定公共关系的活动方式是十分必要的。公关媒介应依据公共关系工作的目标、要求、对象和传播内容以及经济条件来选择确定公关的活动方式，宜根据企业的自身特点、不同发展阶段、不同的公众对象和不同的公关任务来选择最适合、最有效的活动方式。

（4）公共关系的检测。公关计划实施效果的检测，主要依据社会公众的评价来进行。通过检测，能衡量和评估公关活动的效果，在肯定成绩的同时，发现新问题，为制定和不断调整企业的公关目标、公关策略提供重要依据，也为确保企业的公共关系成为有计划的持续性工作提供必要的保证。

（四）公共关系的效果评估

由于公共关系通常与其他促销方法一起使用，因此，公共关系活动的效果很难精确测量。用于评估公共关系效果的指标主要有以下几个。

1. 展露度

展露度用于计算企业出现在媒体上的信息传播频率，是衡量公共关系效果最简易的方法。发送信息的数量是公共关系效果评估的基础性信息，可以从公共关系活动实施记录中精确得到。但是，采用该指标衡量公共关系效果并不是十分令人满意的。因为接触信息媒介的人有重复交叉现象，所以不能确切知道触及信息的净人数，这也是该种方法的使用局限。

2. 知名度

知名度是由公共关系宣传活动而引起的消费者在产品的知名度、理解度、态度等方面的前后变化水平。这些变化需要经过市场调研后分析得出。因此，市场调研的质量直接决定了评估效果。

3. 销售额和利润贡献率

在假定其他促销策略（广告、营业推广等）基本不变的情况下，尽可能估算出公关对公众行为产生的影响，主要可以从销售额和利润贡献率的增减幅度来测定。

（五）公共关系的策略

1. 媒介事件

媒介事件是指企业专门为了让新闻媒体进行宣传报道而开展的公共关系活动。新闻媒体传播信息的速度又快又准、覆盖面广、影响力极大，很多西方国家把它视为除行政、立法、司法以外的"第四权力机构"。因此，企业借助新闻媒体宣传，能迅速提高知名度，使自己在众多竞争者中脱颖而出。

企业的公共关系人员要善于制造新闻事件，引起新闻界的关注。当然，制造新闻要用正当的手段，采取的行动既对自身有利，又能使社会和公众得到实惠。无中生有地捏造、夸大事实，往往会起到相反效果。

2. 专题活动

公共关系的专题活动是公共关系人员以商品促销为目标，运用创造性思维，精心策划、组织的主题鲜明的公关活动，希望引发轰动效应。

（1）专题活动策划应突出"新""奇""特"。企业利用新鲜、特别的手段引发人们的好奇心理，驱使消费者一探究竟，往往能造成较大的轰动效果。

（2）专题活动策划应重视名人效应。名人是在社会中享有极高知名度、受到公众崇拜与信任、具有很强影响力的人，比如明星、节目主持人、权威人士等。在公共关系活动中，企业常常邀请明星进行广告宣传、请专家做报告、开辟名人专栏、开通专家热线等。这些活动都巧妙地抓住了人们对名人的崇拜心理，有的放矢地开展公共关系活动，使企业知名度快速提升，产品销量迅速增长，名人效应得以彰显。

（3）专题活动策划应针对公众关注的热点。公众的视线往往停留在当前的热点问题上。寻找公众瞩目的焦点和话题，巧妙地利用它们，是策划工作的一项重要任务。

3. 公益活动

公益活动是企业最常用的公关方式之一。它是指企业不计报酬地用各种方式参与社会公益事业，比如捐资助学、赞助各类体育赛事、赞助社会福利院、给受灾地区捐款捐物、资助社区活动等。企业参与公益活动不应仅仅从自身的利益出发，而应树立起主人翁意识，站在全人类的高度上来积极开展行动。公益活动应贯穿企业发展的始终，真正树立起热心公益、造福社会的良好形象，搞好企业同政府部门、社区及一般公众的关系。

4. 情感服务

情感服务是企业为公众提供各种实惠和优质服务，提升企业形象，以实际行动表明企业为公众服务的诚意，进而感动公众。这是一种"服务型公共关系"的策略。在商品、价格、质量、服务内容等大体相同的竞争环境下，企业打出"情感牌"，往往能出奇制胜。

三、农产品公共关系策略

农产品公共关系策略是一系列旨在建立和维护农产品品牌形象、提升公众认知度、增强市场竞争力的策略。以下是一些有效的农产品公共关系策略。

（1）品牌建设与推广：在乡村振兴战略背景下，通过标准化质量管理和区域公用品牌创建，提升农产品品牌效益，走农业品牌化道路。

（2）危机管理：建立必要的危机应对机制，采取防范、化解危机的措施，恢复社会秩序，提振公众信心，维护政府形象，保障人们正常生产生活。

（3）媒体关系：十分重视媒体介入，把媒体视为政府应对危机的最好朋友，建立新闻发言人制度，提高应对媒体镜头的技能和水平。

（4）政府关系：加强与政府部门的沟通与合作，利用政府资源和政策支持，推动农产品的推广和销售。

（5）消费者关系：通过社区团购、直播带货、网红推介等方式，与消费者建立良好的互动关系，提升品牌忠诚度和市场认可度。

（6）数字营销：利用数字技术和社交媒体平台，进行精准营销和品牌推广，提高农产品的市场渗透率。

（7）事件营销：通过举办或参与农产品博览会、展销会等活动，提高农产品的知名度和影响力。

（8）社会责任：积极参与社会公益活动，提升品牌形象，增强公众对农产品品牌的好感和信任。

（9）人才培养：建立农产品品牌推广人才体系，培养具有互联网思维的农产品品牌推广人才，提高品牌推广的效果。

（10）信息共享平台：建立信息共享平台，减少信息不对称现象，提高农产品的市场透明度和消费者信任度。

（11）数字化与实体化结合：品牌塑造数字化与实体化相结合，利用互联网优势进行品牌价值传播，同时重视线下实体服务，提升消费者体验。

（12）整合营销：推动品牌建设手段多样化，整合营销新方式，如社交媒体营销、品牌整合、产品植入、蜂鸣营销等，以小部分人群为切入点，逐步扩散影响力。

这些策略可以帮助农产品在市场中建立良好的品牌形象，提升公众的认知度和信任度，从而增加市场份额和竞争力。

请扫码答题